大法印五支道前行教授引道文

噶举上师言教

冈波敬安 编著

牧子 译

XZCB 西藏人民出版社

图书在版编目(CIP)数据

大法印五支道前行教授引道文噶举上师言教/冈波敬安
--拉萨:西藏人民出版社,2016.8
ISBN 978-7-223-04855-2

Ⅰ.①大... Ⅱ.①冈... Ⅲ.①喇嘛宗-佛经Ⅳ.
①B946.6

中国版本图书馆CIP数据核字(2015)第132626号

大法印五支道前行教授引道文噶举上师言教

编　　著	冈波敬安
译　　者	牧子
责任编辑	姚永奇
封面设计	格桑罗布
出版发行	西藏人民出版社(拉萨市林廓北路20号)
印　　刷	西藏军区印刷厂
开　　本	787×960　1/16
印　　张	10.375
字　　数	138千
版　　次	2016年8月第1版
印　　次	2016年8月第1次印刷
印　　数	01-2,000
书　　号	ISBN 978-7-223-04855-2
定　　价	28.00元

大法印五支道皈依境

直贡噶举派创始人觉巴三师尊

前　言

大法印五支道法是由冈波巴·索朗仁青以大悲之心为后学者方便学佛，而将我佛释迦牟尼八万四千法门，归类为五种学道之中，并由其法子众生怙主帕木竹巴特命名为“至深道大法印五支道法”，此法代表了藏传佛教噶当派和噶举派两大传承融为一体的实修佛法之精华。

被称之为“第二龙树菩萨”的直贡·觉巴吉天颂贡曾云：“单传之法最为至深”。大法印五支道法的传承是由我佛释迦牟尼传到第十四法主吉祥怙主圣龙树菩萨、阿尔亚德瓦、月称菩萨、麻扎木格、底罗巴、纳若巴等。

其近传为由法身金刚持传底罗巴、纳若巴、玛尔巴、米拉热巴等传出，此法是一切觉悟者觉悟的殊胜道路，是一切显宗和密宗经典的精华，是从大金刚持至今不曾间断的经验和证悟的诀窍，是如珍宝般的众多噶举上师，尤其是众生怙主吉祥帕木竹巴和觉巴·吉天颂贡法统的心之诀窍精华。

大法印五支道法有很多祥略不同的引导文，不仅记载在吉祥帕木竹巴和觉巴吉天颂贡的《文集》里，历代直贡噶举传承上师们也撰写了近三十多部引导经籍，在其他噶举传承中，如噶玛巴·多松钦巴、四世夏玛巴·曲扎益西、司徒·曲吉琼奶、达隆·阿旺扎巴、竹巴·白玛噶波、楚普译师·强巴贝等大师也撰写了大量引导文。

直贡噶举禅修的主要教材，至今使用着由一切智曲吉扎巴撰写的《大法印五五支道法·达玛格底》。此次由冈波·敬安·贡觉嘉措撰写的《大法印五支道前行引导文·噶举上师言教》，引经据典准确，闻听思维顺畅，文笔达雅流畅，十一引导教授通俗易懂，所比喻的事例超出西藏，以亚洲为主，涵盖全球，突出代表性，这是直贡噶举传承的新里程碑，因此，这本大法印五支道前行引导文，将会在全球兴起修行大法印五支道法起到巨大的推动作用，我们要翻译成各种文字，为有缘众生打开迅速觉悟至深之门，愿在追求解脱善道中无碍天成其愿吧！

以法王"直贡巴"之名加持的贡觉丹增贡桑趁来伦珠

于公历 2007 年 10 月 23 日

目 录

礼赞和立宗

顶礼并皈依凝聚十方三时诸佛身语意事业本性之至尊具德根本上师和传承上师！

自然光明天成初始怙，

特别注释:大法印:藏语称为ཕྱག་རྒྱ་ཆེན་པོ།“掐夹沁波”,一般译为“大手印”,或“大印”,笔者译作“大法印”。在藏文的“掐夹沁波”一词中,“掐”是“手”的敬词,“夹”是“印玺”之义,“钦波”是“大”义,依文直译,就是“大手印”,但没有掌握到文后的精义,忽略了“掐”字的另一种用法。在藏文的语境中,一般人所作重要之事叫做“来噶沁波”,而对他们尊重的人所作重要之事叫做“掐来沁波”,但我们却不能依文直译,将它翻译为“大手事”,因为这其中的“掐”字没有任何的实义,而仅仅只是一个敬语的标志罢了,若译为“大手事”,我们不但感觉不到丝毫的尊重的语气;同样道理,将“掐夹沁波”译为“大手印”,我们不但不会有丝毫的尊重感,而只会如坠雾里迷雾,摸不着头脑,更可怕的是,这种译法极易使人望文生义,理解为签字画押的“手印”,而这种“大手印”,似乎却成了犯人们签字画押后所留下的那团黑糊糊的指纹,成了一种被屈辱的象征,其含义上的天壤之别,自不待言。

“掐夹沁波”在梵语中称为མ་ཧཱ་མུ་དྲཱ།“玛哈木札”(mahamudra),“玛哈”意为“大”,“木札”意为“印”,故从梵文直译为“大印”。“印”,特别是皇帝用的印玺,是表信,表示真实性、确定性与权威性,表示放之四海而皆准;而佛教则借用这一理念,来表达超越三元对立的究竟实相,是真实地、确定的、权威的,是放之“轮回涅槃而皆准”的真理。由于其尊贵性与重要性,所以才在藏文语境中添上“掐”字,而来加强语气。用在汉文佛教的语境中似乎还觉得不够表达其全部精义,故我们反复磋商研究后,翻译为“大法印”,而其中的“法”就是“佛法”了。当然,这与“四法印”是不同的,“四法印”是小乘的诸行无常、诸法无我、涅槃寂静三法印,加大乘的诸法实相印(即缘起性空),合成称为四法印。

自显法轮自在欢乐春；
自解指路无比释迦王，
自性三身[1]，无二重顶礼！
佛陀补处[2]无垢教法规，
深观[3]广行[4]教法之理论；
修持加持语旨[5]心要法，
顶礼三种传承诸上师！
显密法皆对治无明故，
一切法不矛盾为一意；
二噶[6]教诫善引具缘徒，
顶礼塔波噶举诸贤德！
智慧能见所知究竟缘，
悲心开示显密一意法；
能示佛法清净之道统，
顶礼三界怙主仁钦贝！
讲法修法从未偏袒过，
显密双运三律不矛盾；
大印戒律同为关键点，
顶礼历代传承诸贤德！
圆满显密教法塔波派，
坚守心要传承直贡巴；

① 三身：法身、受用身和报身。

② 补处：在藏传佛教教理结构的系统理解为“替代法王”，此处之“佛陀”意即觉悟思想的体现者，并非“替代佛陀”。

③ 深观：深观派，系文殊口授龙树师徒辗转传出的大乘佛法。

④ 广行：广行派，系由弥勒口授，经无著、世亲等人传出的大乘佛教修道次第。

⑤ 语旨：四语旨，指帝洛巴向其四位弟子所作的四种教诲，即父续密集教诲、母续胜乐教诲、梦幻中有教诲和往生夺舍教诲。

⑥ 二噶：噶当派、噶举派。

深密教诫爱若自我眼，
顶礼恩德根本之上师！
显密诸法无漏也无误，
诸乘之巅具得之四量①；
教法精髓即身成佛法，
详述五支道②前行引导。
噶举上师言教如甘泉，
意欲解脱轮回众生春；
初学指路易学教课书，
今撰祈请上师赐加持。

① 四量：现量、比量、圣言量和譬喻量。
② 五支道：菩提心、上师瑜伽、本尊、大法印、回向。

至深法源

盛行于雪域高原的佛教称为藏传佛教，藏传佛教有很多传承系统，其中直贡噶举传承[①]以实修佛法而闻名于世。直贡噶举传承创始人的名字叫觉巴·吉天颂贡[②]，他在佛祖释迦牟尼所宣讲的二十多种显宗和密续经籍中，被明确授记为佛陀伟大事业传承者龙树菩萨的转世。这位伟大的佛学大师为后人留下了许多极其珍贵的佛法教言和殊胜的法门，其中影响最广泛、对实修佛法最具指导意义和可实践性的就是大法印五支道教授引导法。大法印五支道法是觉巴·吉天颂贡的不共法门；是历代噶举上师的智慧结晶；是佛陀所开示的一切显宗和密宗的精华；是一切空行母[③]允许传播的法门；是印度所有大成就者觉悟的经验总结；是三大大乘佛教修道次第殊胜法宗汇集提炼出的精粹，所谓三大大乘佛教修道次第就是由文殊菩萨[④]口授龙树菩萨[⑤]师徒辗转传出的大乘佛法深观宗，由弥勒菩萨[⑥]口授经无著

---

① 直贡噶举传承：觉巴·吉天颂贡于公元1179年在今西藏自治区拉萨市墨竹工卡直贡地方创建直贡替寺，由此传出的教法称直贡噶举派。

② 觉巴·吉天颂贡：又称仁钦贝，意译为宝吉祥（公元1143–1217年）。直贡噶举派创始人，生于今青海省玉树州邓柯地方。

③ 空行母：证得殊胜成就的女性瑜伽行者。

④ 文殊菩萨：梵音义为曼殊矍沙。体相集诸佛智慧之色，表相现十地菩萨之形，言辞无粗恶之过，语音有美妙之德。具此自性，故称妙音。

⑤ 龙树菩萨：大乘佛教开派祖师，佛灭后四百年顷，生于南印度一婆罗门家。幼通密宗四续、显宗三藏等一切经典及道术之学，在那烂陀寺依喜乐和大士出家，法名具德比丘，著有《中观理聚六论》、《本续集论》等阐明如来教义之书。及门弟子圣天等多如牛毛。世称其享年六百岁，旧译密乘又说其寿逾千岁。

⑥ 弥勒菩萨，即未来佛。

菩萨[1]、世亲菩萨[2]等人传出的大乘佛教修道次第广行宗和由诸佛共主金刚持传出的四语旨教法；是过去一切觉悟者走过的道路，是现在一切觉悟者的驻锡地，是未来一切觉悟者的源泉；是众多智者和大成就者开启智慧获得证悟之门；是稀奇神通吸引有缘众生、将凡身肉体虹化[3]的成就者获得成就的根本；是有缘人即身成佛的捷径；是一切生死涅槃诸善之本；是极其秘密教诫的丰富宝藏。

历代雪域高原实践佛陀教言、弘扬佛陀精神、实修佛法精髓的大师们，将这殊胜无比的法门视为至宝，倍加珍惜和呵护，留下了众多的经籍，撰写了大量的注疏，但是由于年代久远，法本文字晦涩而难以理解，除非具有广博的知识和扎实的佛学基础，否则对于初学佛法的人来说，别说精通禅修次第的奥义，就连前行引导教授的内容也是难以消化的。因此，本人在写作过程中抛弃了繁文缛节和修辞装饰，在文中融入了博学者的智慧、瑜伽师的经验和成就者的开示，根据口传上师的教诫和纯净的菩提发心，为方便初学者学习、实修佛法，撰写了《大法印五支道前行教授引导文·噶举上师言教》。

全书分三：闻法方式，所讲之法，功德圆满。

---

① 无著菩萨：佛教广行派开宗大师，四世纪时生于北印度一婆罗门家族。相传其往鸡足山修行，亲见弥勒，向人间传播解说大乘经中隐义现观次第之《慈氏五论》，著有注释气密意的《瑜伽师地论》、《阿毗达磨集论》和《摄大乘论》等论著，有宏扬对法学之弟子世亲等。

② 世亲菩萨：阐扬阿毗达磨经论的古印度佛学家。五世纪中生于北印度一婆罗门家中，为无著之弟，初从迦湿弥逻论师桑般陀罗学对法七论等，后依无著为师，著有《俱舍论本注》和《八品论》等，著述颇丰。

③ 虹化：又称光身，密乘所证转五蕴成光明身像的果位。

第一章　闻法方式

修佛的人要想把自己的心培养成播种殊胜佛法的良田，就要讲究闻法方式。

闻法方式分三：发心，行为，理解。

第一节　发心

发心分二：广大意乐菩提心之发心，广大方便秘密真言之发心。

一、广大意乐菩提心之发心

应当如此观想和思考：正在轮回苦海中受煎熬的一切众生，自无始以来辗转的轮回中，都曾做过自己的父母。这些众生在做自己的父母时，将最好的饮食先给我吃，最好的衣服先让我穿，十分慈爱地抚育我成长，对我恩重如山。现在这些恩重如山的父母，却在轮回的苦海中受苦挣扎。正如《入菩萨行论》中所说："一切众生虽然都有从痛苦中解脱出来的愿望，可是却偏偏往苦海里跳；一切众生虽然都有获取幸福的愿望，可是由于烦恼所致，却把真正的幸福视为仇敌。"所有这些具有大恩的众生虽然都欲求安乐，却不知修持安乐之因十善法；虽然都不想受苦，却不知舍弃痛苦之因十不善法。思想与行为背道而驰，误入歧途，失去方向，非常迷茫，就像盲人独自处于无人的空旷荒野之中，这些众生多么可怜啊！

又观思：我如今幸遇听闻和修持至深修道次第大密正法了义大法印五支道法的机会，机不可失，时不再来。这部殊胜的正法是浩如烟海般的佛教经典的终极真理，精华中的精华，它揭示了万物的根本规律和本质。

《一意法》云："要特别注重正法的传承。"大法印五支道法——自我佛释迦牟尼到具恩根本上师为止，如同连绵不断的金鬘似的传承中，没有受到过渝盟的阴影、魔鬼的入侵、固执者的妄断和诗人的狂想。而在不断涌现的高度证悟者的传承中，证悟燃烧的火焰未曾熄灭过、口传教诫的次序未曾颠倒过、加持炽烈的能量未曾减弱过，是开在雪域高原这片佛教讲修圣地上的一朵灿烂夺目的雪莲。这神圣的教法圆满了六种殊胜的因缘，即密宗有实践而圆满，实践有上师指导而圆满，上师有传承口诀而圆满，口诀有修行经验而圆满，经验有实修佛法而圆满，实修获得佛果而圆满。

如今我能够听闻如此百年难遇的殊胜教法，并有机会修持，为了使曾经做过自己父母、现正在六道轮回痛苦中煎熬的一切众生，远离各自业力所产生的痛苦和所积累的产生痛苦的习气，获得遍知佛的果位，精进努力，持之以恒地奋进于修持佛法的光明大道上。这样的发心在闻法、修法时都极为重要。

修持善根无论大小，此善根必须以三圣摄持，即纯洁的动机、正确的见解、良好的发愿，三者缺一不可。至尊米拉日巴言："无论修持生起次第或圆满次第，都要以慈悲为动机，要有纯粹为利他事业的发心；其次修习纯洁无瑕的空性见解；最后在无所得中为利他进行回向和发愿，此谓一切道中的无上善道耶。"一切善法以这三种殊胜摄持是必不可少的，闻法也一样。

闻法的方式极为重要，发心更为重要。倘若是为了贪图地位、追求名声等今生世间的利益而发心，则无论听闻多少佛法也是不可能趣入正法的。所以，首先内观自心，调正自己的心态至关重要。如果知道如何调正发心，那么善法已被摄持。一个纯净无比的发心，使一个小小的"擦擦"觉悟了三个人，这故事在藏区广为流传。如果发心不纯，即使表面上闻法修法，也只能成为修法的影像而已。因此，无论是在闻法，还是在从事观修本尊、诵咒、顶礼、转经等佛法修持时，甚至口念一句观音菩萨心咒，都应以菩提心摄持，这是十分重要的。

二、广大方便秘密真言之发心

《三相灯论》云："一义亦不昧，不难方便多，是为利根故，极胜秘密乘。"如此说，秘密金刚乘较之显宗更为殊胜，有许多入门之道，也有不少积累资粮之方便和善巧之道，不需要付出很大的苦行，而可以迅速获得至深果位，主要还是依赖于内心的动机。经云："诸法即缘故，住于欲乐上。”因此，不能将传法之处和传法上师等视为平庸不净的显现。应明观五种圆满而听闻，即明观住处圆满为法界密严刹土；明观本师圆满为法身金刚持；明观眷属圆满为五种姓佛（即大日如来、不动如来、宝生如来、无量光如来、不空成就如来，或语旨修道传承、证悟义之传承、修行加持传承或男女菩萨、男女本尊之自性）；明观法圆满为有缘之士即身成佛的教诫；明观时圆满为因果之法三时恒传（本来常有相续轮）。

同时应当了知，这样的观想并不是将非清净之法观为清净，而是这些法本来就是非常纯洁清净的。因为，传播佛法的上师是三时诸佛之本体，其身为僧、语为法、意为佛，总集三宝；或又身为上师、语为本尊、意为空行，总集三根本；或又身为化身、语为报身、意为法身，总集三身；上师是过去诸佛之化身，未来诸佛之来源，现在诸佛之补处。

《入菩萨行论》云：“悲心为有情，曾出无数佛，我等罪孽重，未成佛度化。”如此，虽然过去出现了无数个一心为众生利益的佛，但是由于我等罪孽太重，因而未能成为众佛度济的对象。上师摄受了贤劫千佛也未能调伏的我们这些浊世众生，从慈悲与恩德方面讲，上师超过了诸佛。尤其是我们这些初学佛法的人，如果没有善知识上师的指导，便无法进入佛法神圣的殿堂。因为我们不在大乘十地菩萨道中的任何一道，无法向化身、报身和法身菩萨们求得佛法。如颂云：“上师即佛亦即法，上师就是圣僧人，一切能作乃上师，师为具德金刚持。”我们闻法中眷属也同样具有如来藏，获得了珍宝般的人身，遇到了善知识，已获方便教言摄受，所以也是未来佛。如冈波巴大师言：“基为如来藏，依为人身宝，因为善知识，方便为教诫，果为圆满佛，事业为众生。”《二观察续》也云：“众生本为佛，然为客尘遮，垢净即现佛。”亦如《月灯》云：“众生都具如来藏，众生也即成佛种。”

第二节 行为

行为分二:所断之行为,应取之行为。

一、所断之行为

所断之行为分三:法器之三过,六垢,五不持。

(一)法器之三过

法器之三过分三:耳不注如覆器之过,意不持如漏器之过,杂烦恼如毒气之过。

1.耳不注如覆器之过

闻法时,耳识不应散于他处,也不应睡觉或昏沉,应专注于说法的声音而谛听。若不如此听闻,就如同在覆口的容器内倾注汁液一样——虽然身在听法的行列之中,自己却不会得到一句正法。

2.意不持如漏器之过

如果对所听闻的法仅仅是从表面上了解,或仅听闻而没有铭记在心中,则无论听闻多少正法也不会懂得调伏自相续而修持,也就是说不会改变自己的内心,如同漏底的容器,无论注入多少汁液也无法留存一样。

3.杂烦恼如毒气之过

闻法时,如果以贪图名誉、地位,或压制别人的舆论,或掺杂贪瞋痴三毒等不洁之发心而听闻,那么佛法不但不会成为菩提心的基石,反而会成为罪恶之源,使正法变成非法,对自己和别人都没有好处,如同向有毒的容器内注入胜妙的甘露一样。

荡巴桑杰云:"闻法时应如野兽闻声一般,思维时应如牧民剪羊毛一般,观修时应如愚人品美味一般,修行时应如饥牛食草一般,得果时应如云散日出一般。"譬如,野兽酷爱听琵琶的声音,即使猎人从旁射出毒箭也不知觉,仍怡然专注而聆听。闻法时应当汗毛悉动、泪水溢流、双手合掌,不起任何杂念而听闻。

释尊云:"汝今谛听,极善思维,当为汝说。"又言:"身如牢中,心如野狼。"如是,虽然坐在听法行列中,心中充满分别妄念,心猿意马,东张西望,胡言乱语,这些都是不应该的。闻法时,也应将诵经、念咒、禅修等一切善行都放下而专心致志地听闻。《章节经》云:"诸佛不能为众生洗罪恶，也不能拔除众生的痛苦，更不能将自己的证悟移植，只有指出解脱众生的法性真谛。”闻法后，应将所讲的法义铭记于心，除了认真听法外再也没有其它让我们觉悟的学习办法了。

释迦牟尼佛说：“吾为汝说解脱之方便，当知解脱依赖于自己。”上师为弟子讲经说法，就是教导弟子如何闻法和修法、如何端厄行善、如何行持，因此弟子不应忘记上师的教言，应铭记于心并经常修持，这样才能现前证悟。有言“师傅领进门，修行靠自己”，龙树菩萨也云：“解脱靠自己，无法靠别人。”

现在有很多求法者，只满足于获得灌顶、教授和讲解，而所闻之法从不记在心中，这样虽然也可能有一点闻法的功德，但不理解佛法的意义，则与未闻法没有什么区别。闻法的目的就是要修行，若不修行听法也是无益的。冈波巴大师云：“闻法而未修持，如病人和医生在一起却未医治，没用！”所闻之法虽然记在心中，但如果掺杂烦恼，也不能趣入真实正法。冈波巴大师又言：“若不如法而行持，正法反而成恶趣因。”若对上师、正法起邪见，或有嘲讽道友、心生我慢、轻蔑他人等不善分别念，都将成为恶趣之因，应当舍弃。

（二）六垢

无著大师云：“傲慢无正信，求法不精进，外散及内收，疲厌皆闻垢。”即认为自己的学问已胜过说法上师的傲慢心；对上师和正法没有信心；不希求正法；心散于外境；无根内收；因讲法时间过长而生起厌烦心。这六种垢染应当去除。

1.傲慢

闻法时不愿听法，认为自己比说法上师血统高贵、学问渊博、理解力强、证悟高、施主多。所有烦恼中，“傲慢”和“嫉妒”很难被认清，毁于傲慢的人很多，故此在《入菩萨行论》中特别阐明傲慢的弊端，所以应当仔细观察自己的内心。如果因自己在世间或出世间某些方面有少许功德，便认为自己如何如何而产生执著，则既见不到自相续的过失，也无法了知他人的功德。因此应当抛弃傲慢之心，时常谦虚谨慎。

2.无正信

对上师和正法没有信心，这是一种非常危险的思想，决不能与有这种思想的人为伍。如果没有信心，正法之门则不通，故应当坚持四种信心中的不退转信心。《章节经》云:“无信心人,不生善法,火烧种子,焉能生绿。”

3.不求法

为了顾及别人的面子,或不违背父母的命令,自己虽不愿听法而勉强在讲堂上混日子。希求正法是一切功德的基础,如果不珍惜正法,那么根本不可能得到正法。本师释迦牟尼佛曾为了求得四句正法,经历了挖出身肉做成千盏灯后插入千个灯心、纵身跳入火坑、身上钉入数千铁钉等百般苦难,本传承诸多先辈也为了求得稀有正法而历尽千辛万苦,真可谓“越过刀山与火海,舍身赴死求正法”。我们也应当以强烈的希求之心,不顾一切艰难困苦、严寒酷暑而听闻正法。

4.外散

意识散于外境是一切轮回迷乱显现之根本, 是一切痛苦之来源。譬如:眼识贪于色故,飞蛾亡于灯火中;耳识贪于声故,野兽死于猎枪下;鼻识贪于味故,蜜蜂困于花丛中;舌识贪于香味故,鱼儿钓于铁钩上;身识贪于触觉故,大象陷于泥沼中。此外,无论在闻法、修法、传法时,思想和意识都应当断除追逐以往习性、迎接未来事情和放任现在意念而免散于外境。

5.内收

如果闻法时意识过于内收,则会出现睡眠、昏沉等现象。如果仅仅受持佛法的个别词义,就会像马熊挖旱獭洞穴一样,抓一个丢一个,得此失彼,不可能有了知一切的时候,所以应当松紧适度。从前,阿难教导祝辛吉修禅时,祝辛吉有时过于紧张,有时又过于松懈,因而没能生起真正的禅境。祝辛吉前去请教世尊。世尊问道:“祝辛吉,你在家时擅长弹琵琶吗?”他回答:“极为擅长。”“你所弹出的美妙之音是在琴弦极紧的时候发出的呢?还是在琴弦极松时发出的?”“两者都不是,只有在琴弦松紧适度时才能发出美妙之音。”“那么修禅也是同理啊!”祝辛吉依此教言修禅,最后获得证果。如上,对待世上一切事情都应该松紧适度,诸根自然放松。

6.疲厌

如果讲法时间过长,遭受饥饿、干渴或风吹日晒等逼迫时,不应生起厌烦心而不愿听法。应当这样思考,我如今已获得暇满人身,值遇具格上师、听闻至深教言的时机，应当生起无限的欢喜心。为了这样的妙法，应当安忍一切艰难困苦、严寒酷暑，心中充满欢喜而谛听。

在有的佛教注疏中提到闻法时的十三种过失，也都包含在上述六垢之中。

（三）五不持

五不持分五：持文不持义，持义不持文，未领会而持，上下错谬而持，颠倒而持。

1.持文不持义

如果不思考至深的教义，仅仅是为了词句的美妙动听而受持，则如同鹦鹉学舌一样，对自心没有利益。

2.持义不持文

如果认为一切文字词句都是泛泛空谈，没有任何实际意义，从而轻视词句而偏重意义，这样词句与意义就会脱离，因为不依靠词句便不可能了知其意义。

3.未领会而持

如果没有理解了义、不了义，以及具有密意的各种说法和讲此法时的环境等因素而受持，则会误解词句和意义而违背正法。

4.上下错谬而持

如果上下错谬而受持，则违反了佛法的规律。因此无论闻法、思法或修法都会与正法相违。

5.颠倒而持

如果意义颠倒而受持，则自相续会因为邪念的滋生蔓延而被毁坏，并且此类人将成为佛法的败类。

所以，应当抛弃这些过患，做到一切词句与意义上下不错谬，以正确的方式受持。遇到疑难不解时，不应产生懈怠，应当精勤努力。遇到简单易懂时，不能认为法义浅显而轻视，应不遗忘而受持。要按照上下次第顺序而没有错谬，依据语法学而正确理解、准确掌握词句表达。

二、应取之行为

应取之行为分三：依四种想，具足六度，依止其它威仪。

（一）依四种想

《华严经》云："善男子，汝应将自己视病人想，法视良药想，说法人视良医想,精进修行视治病想。”如是思考闻法的种种利益。一个病情非常严重的人,想摆脱病魔的缠绕,恢复健康的身体,就必须依靠一位好医生,遵照他的嘱咐按时服用所给的良药,才能药到病除。我们自无始以来,在苦难的轮回大海中被三毒所困扰,就像被病魔所缠绕的病人,生命危在旦夕,故此必须依靠合格的上师,学习佛法真谛来治疗无明三毒,从轮回的苦难中解脱。

虽然在世上盛行很多医治心灵脱离苦海的良药(各种宗教),但是其中唯一能够药到病除、彻底根治疾病的良药就是佛法之甘露。要想消除业惑的疾病,必须依靠一位如良医般具足法相的上师,然后依照上师的教导行持,服用正法良药。否则即使依止了上师,但是没有依教奉行,则如病人不遵医嘱,医生无法治好病人一样。如果服用正法良药而未修持,则就像病人的枕边放置无数妙药和药方却未服药一样,对病人无益。冈波巴大师言:“法与人分离,如斧放树旁,没用!”《入菩萨行论》云:“身体要力行,光说则无益,诵读药方子,病人能治乎?”

所谓上师的悲心,是指以慈悲心摄收弟子,开示至深教言及取舍之教理,依照这种大悲心是否能趣入解脱之道则完全依赖弟子自己。尤其是我们如今已获得暇满人身,并已知晓取舍的标准,而且能够自由取舍,此时此刻是筹划永远行善还是永远作恶的关键。现在许多经忏师到亡人的枕边念诵“上去下去之关键,犹如骏马被嚼子所转”,认为其人断气时,其神识何去何从是关键,这是很大的误解。关键是在活着的时候是否学好佛法。米拉日巴尊者言:“此无明聚合的血肉之躯,既可作为积累福德之暇满大舟,也会成为积累罪恶的邪恶之船,故此生为上下求索之关键也。”

因此,我们要彻底抛弃四种颠倒的思想,即观上师为獐子,正法为麝香,自己为猎人,精进修持为箭、射杀獐子为方便的颠倒思想。要树立四种正确的思想观。

(二)具足六度

《一切法行之诀窍现观续》云:“奉献花座等,随处持威仪,不害诸含生,于师生正信,勿散闻师教,解疑问难题,闻者具六度。”如是,在闻听佛法前,要摆设法座,铺陈坐垫,供养曼荼罗及鲜花等,即是布施;上师所在的房屋或院子要清扫干净,防止自己不恭敬的举止,即是持戒;

不伤害任何弱小生命，能够忍受一切艰难困苦，即是安忍；抛弃对上师及正法的邪见，以真诚的信心、满怀喜悦之心而闻法，即是精进；心不散于他处而专心谛听上师的教言，即是禅定；提出疑问，排除疑虑，增加智慧，即是智慧。闻法者都应当具足六波罗蜜多。《四百论》云："真诚智慧勤奋，具此三为闻法器。"如上，需要具备理解内容的智慧、勤奋努力的决心以及不骄不躁的恭敬心等专心谛听佛法的软条件。

(三)依止其它威仪

闻法时要防止不敬的行为，当恭敬温顺谛听教法。《毗奈耶经》云："不敬勿说法，无病而覆头，持伞杖兵器，缠头者勿说。"又如《本生传》云："坐于极下地，当具温顺仪，以喜眼视师，如饮语甘露，当专心闻法，极信而无垢，如病人就医，恭敬地听法。"

如是，在闻听佛法时，要排除一切身体之不敬的行为，如除了病人以外，其它任何人不能有戴帽子、缠头、盘头等不敬行为，也不能有持伞、骑马、拿兵器、掌杖、靠背、仰卧、侧背、斜视等行为，更不能坐在平等或高于上师的座位上，应该像获得禅定似的双手合掌于胸前，顶礼后端坐在上师的正下方，专心谛听。

在闻听佛法时，要排除一切言语之不敬措辞，如说悄悄话、窃窃私语等行为，每一次法会上都要诵读前行、正行和后行相应的经文，也不能直呼上师和经文的名字。

在闻听佛法时，要排除一切意之不敬念头，如经文深不深奥、合不合我意，琢磨上师的学问高不高等一切杂念。

第三节　注重理解

注重理解分三：欢喜修法，回忆功德，立志修法。

一、欢喜修法

具备了这些闻听佛法的基本条件后，应该心中充满喜悦。《不可思议秘密经》载："世上难出佛，人身亦难得，具信又闻法，百世难寻觅。"《方广大庄严经》载："世上难出人与佛，具足信心极难得；弃八无暇亦难得，更显闻法之重要。出佛又获暇满身，信心闻法遇上师；一切条件今寻到，清除一切放逸事。如果再过百千劫，亦难闻听到正法；你今遇到此良机，抛弃一切放逸事。”

《正理经》又载：“善言又耳聪，喜学智慧及无碍；以上五难寻，请君听佛法。”如上，我们虽然获得了极其难得的暇满人身，但是许多宝贵的时间都浪费在无聊之中。人身如梦，昙花一现。如今遇到闻听无上正法的良机，应该心中充满喜悦之情，专心谛听。

二、回忆功德

《菩提心经》云：“闻则知佛法，闻则反罪恶，闻则弃放逸，闻则获涅槃。”从深层意义上阐释了《正理经》中闻听佛法的五种利益。《分辨教经》载：“通达五蕴、[①]通达五种、[②]通达十二处、[③]通达十二缘起，[④]通达以上道理及其口诀、背景及其它。”

马鸣菩萨[①]云：“闻法是解愚之灯，是无法被盗的圣物，是击败愚敌的利器，是指示方便口诀的良友。”又言：“温顺极明生骄傲，闻则义明可开悟，具备闻法无矛盾，轮回三道[②]极坚固，闻后修行为心要，才离生死之固堡。”如上，在众多显宗和密续中阐述了许多讲法的功德，这是不容置疑的事实。

三、立志修法

① 五蕴：佛教认为人身并无一个自我实体，而是下列五种东西聚合而成。色蕴，组成身体的物质；受蕴，随感官生起的苦、乐、忧、喜等感情；想蕴，想像作用；行蕴，意念活动等；识蕴，意识。

② 五种：地、水、火、风、空。

③ 十二处：指六根处即眼、鼻、耳、舌、身、意；以及六境即色、声、香、味、触、法。因根与境为产生心与心所之处，故名处；又因根与境相涉而入，故名入。

④ 十二缘起：为佛教三世轮回最基本的理论。即 1.无明，即没有自知，不聪明；2.行，为由无明而产生的有善不善行为；3.识，即投胎之时的心识；4.名色，为胎中形成的精神和物质；5.六入，即胎中眼、耳、鼻、舌、身、一流根已具备；6.触，为出胎后开始接触外物；7.受，感受苦等；8.爱，为贪等欲望；9.取，追求取着；10.有，由贪等欲望引起的后有的等行为；11.生，来世之生；12.老死。无明、行、识是前世的因。名色、六入、触、受、爱和取是今世的果和来世的因。有、生、老死是来世的果。即无明缘行，行缘识，识缘名色，名色缘六入，六入缘触，触缘受，受缘爱，爱缘取，取缘有，有缘声，生缘老死。

要步入学习和思考佛法之路，则有这样一些要求。《俱舍论》云："如法闻思，重在禅修。"讲述了在清净戒律、勤奋学习、善于思考的基础上，实修佛法是最重要的。《禅定王经》云："虽通很多法，不守清净戒，堕入三恶趣，多闻无意义。"故此，虽博学多闻，通达了很多佛教经典，但不守清净戒律，也会堕入三恶趣的。《住法比丘经》云："不修禅而闻思，不闻思而修禅，皆非正确学法，三者结合为正道。"讲述了学习、思考和实践相结合的重要性。《庄严经》云："若一闻法就能解义，则修禅无意义耶；若未闻法而能入定，则佛法无意义耶。"因此，必须将闻、思、修三者很好地结合起来。冈波巴大师说："闻、思、修结合是正确的、无误的！"

离开修行的博学多闻也是非常危险的。《苦行者问经》云："若遇闲时闻法，满足现状，不思修行，其为欺仙人及世人耶！"《宝积经》云："饮光尊者，比如有些人在大海上渴死一般，有些沙门和婆罗门博学多闻，精通佛学，但难以摆脱贪瞋痴，就像在佛法的大海上因无明而渴死一般，会堕入恶趣的。"故此，佛法是需要实践的，光说不实践没有意义，勤奋修行最为重要。《净心劝经》云："博闻不敬，善析贪言，忘记知无，为贪言过。"就像甘蔗，甜美的味道不在外而在里面一样，不要贪学很多法，而要勤思苦修已得到的法。应该这样思考，我如何将得到的法融入到自性中而精进不已。此为闻法之前行耶。

未成佛众生，
肩负大菩提；
精进行善道，
加持降善士。
至深法前言毕。愿吉祥！

---

① 马鸣菩萨：约公元一至二世纪，古印度佛教理论家、诗人、大乘佛教著名论师。生于舍卫国沙积多地方，其主要著作有《佛所行赞》、《大乘庄严经论》等。

② 轮回三道：惑道、业道和苦道。依惑造业，依业生苦，次第流转，轮回不息。

第二章　正式前行

第一节　四共同外前行

获得稀有具法暇满身，
深广诀窍法使凡夫身，
成为无尘虹化之光身，
诸多噶举上师行顶礼！

大法印五支道前行之引导分为十一：四共同外前行，四不共内前行，三特殊前行。

四共同外前行为：暇满难得，寿命无常，因果不虚，轮回过患。

一、暇满难得

暇满难得引导分五：思维本性闲暇，思维特法圆满，思维难得之喻，思维难得之因，思维数目差别。

（一）思维本性闲暇

总体上讲，未生于八无暇之处，有空闲时间修持正法，称为闲暇。无暇是指八无暇处，如经云："地狱饿鬼及傍生，边鄙地及长寿天，邪见不遇佛出世，喑哑此等八无暇"。

若生在地狱，则日夜感受寒热之苦，没有空闲修法；若生为饿鬼，则恒时感受饥渴之苦，没有空闲修法；若生为傍生，则感受役使及互相损坏的痛苦，没有空闲修法；若生于长寿天，则在没有意念中虚度光阴，没有机会修法；若生在边鄙地方，则没有佛法，更谈不上修持佛法；若生为外道或其追随者，则自相续被邪见污染，没有空闲修法；若生于暗劫，则连三宝之声也听不到，不了知善恶，没有机会修法；若生为喑哑，则自相续无法调顺，没有空闲修法。

八无暇中三恶趣的众生，恒时不断感受由各自往昔所造恶业的果报所引发的寒热饥渴等各种痛苦,没有空闲修法。

边鄙地,除了罗卡查等边远蛮荒之地以外,还有不兴佛法的地方,以及视正法为非法,或视非法为正法,并将杀生视为善业,用战争和杀戮等方式推行自己的宗教;以娶母为妻、亲人死尸为食等恶习陋规为祖训等违背自然规律;热衷杀生狩猎等不善行为地方都是边鄙之地。生长在这些地方的人,一生恶业重重,多数人死后立即堕入恶趣,恶尝苦果,循环不断,故亦为无暇之处。

长寿天即是无想天。生于长寿天的众生认为没有任何善恶之念的禅定是解脱之道。他们修持无想禅定后生于无想天,在禅定中安住于无尽的时光,一旦引业穷尽后就会产生邪见,故也没有空闲修持。

邪见是指那些别说掌握万法规律,就连简单的佛法知识都不懂,也不信因果规律者。总的来讲,除佛法以外的三百六十个外道等常断见者都是邪见者。据说真正的外道不可能进入藏地,但是觉巴大师曾言:"虽然在藏地没有形似外道的人,但有持外道观点的人。"现在那些不信因果规律,宣扬无神、无鬼、无法的人就是这种人。这种人直到抛弃其观点为止都不会有空闲如理修持正法。

佛不出世是指生于无佛时代。如果生于佛未出世的时代,则无三宝之声,也无正法的光明,更不用说修习佛法了,故称为暗劫,为无暇之处。

喑哑是指自相续无法调顺的人。这种人不能进行任何的闻法、思法、修法活动。喑哑主要指语言喑哑,但有些哑巴虽不具足法相,但知言解义;相反有些人虽会言语,但意根喑哑十分愚痴,不能领悟正法的含义,所以也是无暇之处。

(二)思维特法圆满

思维特法圆满分二:五种自圆满,五种他圆满。

1.五种自圆满

五种自圆满:所依圆满,环境圆满,根德圆满,意乐圆满,信心圆满。

龙树菩萨说:"生于佛地根具足,业际无倒信佛法。"如果没有获得人身,就不可能遇到佛法;而如今已得暇满人身,故所依圆满。如果生于没有正法的边鄙地方,则不能值遇正法;而如今生于佛教兴盛的地方,故环境圆满。如果不具足诸根,则将成为修法的障碍,而如今没有这类残障,故根德圆满。如果业际颠倒,则经常行不善业,违背正法;而如今对善法生起信解,所以意乐圆满。如果对佛法不起信心,则意识不能趣入正法;而如今自心已趣入正法,所以信心圆满。这五种圆满必须依从自身条件具足,因此称为五种自圆满。下面详细讲授这五种自圆满。

所依圆满:要想修持真实意义上的佛法,必定需要获得宝贵的人身。《入菩萨行论》云"获得比神还好的人之身"就是这个道理。若未获得人身,尽管我们认为三恶趣中最好的是傍生,但无论形色美妙、价值珍贵的动物,它却不懂念诵一句六字真言,更不知其意了。虽然这些傍生有一点儿自卫能力,但面对饥寒也只能低头忍受,而没有其它任何办法。天人身体极为善妙,但却不能成为具相别解脱戒的法器,所以其相续不具有获得圆满佛法的机缘。

环境圆满:环境圆满指的是中土,中土可分为地界中土和佛法中土。地界中土是印度金刚座及以其为中心的圣地(印度)诸城市。佛法中土是指佛教正法所存在之地,而没有佛法的地方称为边地。从前雪域高原是一片没有佛法的偏僻之地,称为边鄙藏地,而现在盛行佛法三藏,可以称为佛法的中土了。

根德圆满:如果五官不全,不能出家为僧,也不能成为守持戒律的法器,因为不能亲眼看到如来美妙的圣像,也不能阅读、闻听、思考佛经内容,故不堪为真实的法器。

意乐圆满:所谓的业际颠倒是指生于猎人、妓女、强盗家中,从小受到不正当的教育,违背正法,倒行逆流,颠倒是非。虽然我们没有生在这样的家庭,但也不敢保证将来不会变成业际颠倒之人,因此必须精勤,使自相续不违背正法。

信心圆满:如果对该起信心的佛法不起信心,则无论对其它世间神魔鬼怪、日月星辰、山川湖泊、猛禽怪兽或外道邪派生起多大的信心,也不能从轮回和恶趣的痛苦中解脱出来。所以,真实了知如来的教法和正法的道理,并因此而生起坚定不移信心的正信者,才是真正无谬的法器。因此,信心圆满是五种自圆满中最重要的圆满。

2.五种他圆满

五种他圆满:导师殊胜圆满,佛教正法圆满,时间圆满,自之缘份圆满,殊胜悲心圆满。

龙树菩萨言:“如来出世与说法,佛法住世入圣教,为利他故心悲愍。”若未生于佛出世的光明劫,那么连正法的名称都不会有;而今值遇佛陀出世的贤劫,所以为导师殊胜圆满。虽然佛已出世,如果没有宣讲正法也没有利益;而今佛已三转法轮,所以为佛教正法圆满。虽然佛已宣讲正法,但若佛教隐没也没有利益;而今佛法住世尚未期满,所以为时间圆满。虽然佛法住世,但若自己未入佛门也没有利益;而今已入佛门,所以为自之缘份圆满。虽然已入佛门,顺缘善知识,若未摄受,也不能了知法性;而今善知识已摄受,所以为殊胜悲心圆满。这五种圆满需他缘才能具足,因此称为五种他圆满。下面详细讲授这五种他圆满。

导师殊胜圆满:佛教计算漫长年代的单位叫“劫”。劫又分为大劫、中劫和小劫。谓世上人的寿命有增有减,一增(人寿自十岁开始,每百年增加一岁,直至八万四千岁)或一减(人寿从八万四千岁开始,每百年减一岁,直至十岁),各为一小劫。合一增一减为一中劫。大劫包括“成”、“住”、“坏”、“空”四个时期,通称“四劫”,每一个时期包括十二中劫,即八十中劫为一大劫。时间之长,可以想见。

其中佛出世之劫称为明劫,佛未出世之劫称为暗劫。过去依次出现了如下时代:现喜大劫中有三万三千佛出世,随后出现一百暗劫;具圆劫中有八十千万佛出世,随后又出现一百边鄙劫;具贤劫中有八十四千万佛出世,随后又出现五百暗劫;见喜劫中有八十千万佛出世,随后又出现七百暗劫;具喜劫中有六万佛出世,随后才出现了我们所处的这个贤劫。在这个漫长的年代结束后,将会出现六十恶种边鄙劫,随后的具数劫中有一万佛出世,而后又有一万恶种劫。如此暗劫和明劫交替出现。若遇暗劫,则连三宝之声也没有。在这美好的贤劫中,圆满正等觉释迦牟尼佛出世,并转动了法轮,所以是光明劫。

佛教正法圆满:虽然佛出世,但若值佛不说法,则与佛未出世没有两样。我佛释迦牟尼在印度金刚座菩提树下成道后,在江绕城东北十余里的鹿野苑,为五比丘初转四谛法轮,此后依次三转法轮,为适应所化众生根机而示现不可思议的身相,以九乘次第法成熟解脱所化众生。

时间圆满:虽然佛出世说法,但若圣教住世期满、正法隐没,则与暗劫没有区别。就如今释迦牟尼佛的圣教来说,普贤密意的圣教期或名果期为一千五百年,修行期为一千五百年,教期为一千五百年,维持形象期为五百年，共有五千年。现在已近三千年了，虽已是时世、众生、寿命、见解及烦恼五浊炽盛时期，但教法与证法还没有隐没，尚存于世，《一意法》载：“除分主次外，从未断过获得果位者。”所以也具足圣教正法圆满。

自之缘份圆满：圣教虽然住世，但如果自己未入佛门，则自相续不能得到教法和证法，如同病人躺在药房而不服药，或饥渴者面对大海而不饮水一样。如果入佛门是为了驱逐今生的病魔或者害怕来世恶趣的痛苦，那么既使已入佛门也只能称为救怖之法，不可能真正趣入正道。另外，为了追求今生的衣食等利益或者来世人天的乐果，尽管已入佛门，这种法也只能称为善愿之法，也没有真正趣入正道。以上两种只能勉强算是接近中、下士道法，不起作用。如果是因知晓一切轮回没有实义，为求解脱而趣入佛门，则可称为出离之法，才能算是真正的入道者或入佛门者。

殊胜悲心圆满：冈波巴大师言：“需依靠善知识学教法。”虽然入了佛门，但没有合格的善知识来传授佛法，自己也得不到什么利益。如《汇集经》云：“佛法皆依善知识，功德胜主佛所说。”因为佛经浩瀚、圣言数多、知识无穷，若未依靠上师得到窍诀，就不可能掌握佛法的根本规律，也不可能选择诸法的要点而修持。现在上师慈悲摄受，传法解义，教授显密一切至深密法诀窍，此恩德等同于使瞎子重获光明，畜牲变为智慧人身。故在《十圣教经》言：“找寻我长期漂泊的轮回之因，惊醒我长期沉睡的无明之梦，脱离我深陷生死流转的大海，改变我的邪恶之道，指明我光明善道，解放我轮回之监狱，治好我长期被折磨的疾病，我感受到甘甜的雨露熄灭了我欲望的炙热火焰。”故此，被上师善知识所摄受极其重要。

这样观察自己是否具备了八种闲暇和十种圆满共十八种条件，如果具备了这十八种条件，则可称为具足十八暇满的人身。

如果我们再仔细观察，会发现还有一些无暇之处。比如：

五毒粗重：瞋恨怨敌、贪爱亲友等五毒烦恼十分粗重，虽然暂时生起修持正法的念头，但是由于自相续中五毒力量强大，被烦恼所控制，不能修持正法。

愚昧无知：如果生性极其愚痴，缺少智慧的光明，虽已入佛门，但丝毫也不能了知正法的意义，也就没有闻、思、修的缘份了。

被魔所持：如果行为和观点被颠倒是非的歪门邪道所控制，则自心将转入邪道而违背正法。

懈怠懒惰：虽然想修学正法但没有丝毫精进勤奋的懈怠者，常被懒惰、懈怠所控制，不能修持正法。

恶业涌现：恶业如海涛般涌现、罪障深重之人，虽然精进努力修法，但自相续不生功德，不知这是自己所造恶业的果报，反而对正法生起厌烦之心。

为他所转：没有自由，或被他人役使之人，虽然想修持正法，但由于被他人所控制，得不到修法的机会。

求乐救怖：为了今生的衣食或者害怕被他人所害之人，虽入了佛门，却对正法没有稳固的定解，并由于往昔的串习力而行非法。

伪装修法：为贪求财宝、名声和利益等伪装修法之人，虽然在他人面前装作修法者，但是在内心深处却藏着追求名利的贪念，远离了解脱的正道。

上述八种也是无暇修持正法之人。

同时，又有断缘心八无暇，也是不能修学佛法的障碍。具体为：

为今束缚：因被今生的财产受用、亲戚子女等紧紧束缚，仅为了这些利益辛勤劳作而散乱度日，没有空闲修法。

人格恶劣：因自相续恶劣，一切行为没有进步，虽遇真正的善知识，却很难转向正道。

无出离心：虽然已听闻了恶趣和轮回的种种过患以及今生的一切痛苦，但若内心根本不畏惧，则不会生起趣入佛法之因——出离心。

没有正信：如果对真实正法和上师没有多少信心，则阻碍进入佛门，不能趣入解脱正道。

喜爱恶行：因爱好不善恶行，故思想、行动和语言极不调顺，远离了佛法殊胜的功德，违背正法。

心离正法：不了解善法的功德和正法的光明，对佛法没有一点兴趣，则如同在狗面前放置青草，自相续生不起佛法的功德。

毁坏律仪：如果进入佛门后毁坏发心及律仪，那么只能转生到恶趣而无其它去处，不能从无暇之处解脱。

失毁誓言：如果进入金刚密乘后以上师和金刚道友为对境而失坏三昧耶，则损害自他，从而断绝了成就的缘份。

在当今浊世之中，虽然具足暇满和修法的形象，也只能像法座上的“法王”、伞盖下的“上师”、深山中的“苦行者”、云游各地的“舍事者”等一样，自以为贤善，实际上已被这些无暇之因所控制，表面上修法，但终不能趣入正道。

因此，要仔细观察自身是否具备了修持佛法的暇满条件。如果具备了修法的条件，应该从内心生起极大的欢喜心，诚心思考，不浪费宝贵的时间，尽心尽力修持正法。如果不具备这些暇满条件，应该积极想办法创造条件，尽早让自己具备修法条件，随时随地都应励力精进，观察自己是否具足此等暇满之功德。不好好观察自己的行为，假设这些功德中仅有一个不具足都不会有真实修持正法的缘份。我们设想，平时仅仅办一件平常的世间小事也需要许多的因缘聚合，更何况利益永久的修持正法，怎么会不需要许多的因缘聚合呢？

如果我们仔细观察自己就会发现，具备这十八种暇满条件是非常困难的事。即使获得了闲暇，也很难能具足十圆满。尽管已获得人身，诸根具足，生于中土，但是如果入于业际颠倒的邪道，并且不信心佛教，那只是具足三圆满罢了。尤其是业际颠倒非常困难，如果三门行持恶业，并且一切所作全是为了今生的生计，即使能称为贤者或智者，实际上也是业际颠倒之人。他圆满中，虽然佛已出世并说法，佛法也住世，但如果未入佛门，只是具足三圆满；入了佛门，但仅仅表面求法或得法，没有升起真正的出离心，也不可能真正趣入正法。米拉日巴尊者曾言：“无出离心则无别解脱，无别解脱则无菩提心，无菩提心则无密宗。”若行大乘道，必须要在相续中生起无伪的菩提心，至少也要对三宝有坚定不移的信心，纵遇命难也不退转。如果没有这种决心，仅仅在表面上口诵经文、身着僧衣，也不一定已趣入佛法。因此，如理无误了知、观察暇满之自性至关重要。

（三）思维难得之喻

在波涛汹涌的大海上漂浮的木轭之孔与海底盲龟之颈相遇非常困难，佛说得到人身较此更难。也就是说，假设整个三千世界变成汪洋海洋，在海面上漂浮着一支有孔的木轭，随波四处飘荡，一刹那也不停息;在海底有一只盲龟,每百年浮出海面吸一次气,从而两者相遇,木轭之孔套入盲龟之颈。无心的木轭没有寻找盲龟之心,盲龟也没有能见木轭之眼。如果木轭静止于一处,也有可能与盲龟相遇,而它却一刹那也不停息;如果盲龟经常在海面上漫游,也有可能与木轭相遇,但它每百年才浮上海面一次,所以这两者相遇十分困难。但以偶尔的机缘,盲龟的颈可能进入木轭的孔中,获得暇满的人身比这更难。龙树菩萨言:"大海漂浮木轭孔,与龟相遇极难得,傍生转人较此难,国王修法得果喻。"寂天菩萨也说:"如海中盲龟,颈入轭木孔,人身更难得。"此外,《涅槃经》也讲到"在光滑的墙壁上撒豆,豆难以附着"、"在针尖上堆豆连一个也难以留住"等比喻,因此我们应当了知人身极为难得。

(四)思维难得之因

暇满人身并不是偶然获得的,也不是随便捡来的,而是具有深远的因缘背景和原因,是在漫长时间长河中积累福德资粮和智慧资粮的结果。获得一般的人身也需要很多因缘的聚合,更何况获得暇满的人身了。暇满人身是要以清净戒律为基础,以布施等六种波罗蜜多为辅,以纯洁无瑕的发愿而获得的。以累世以来清净戒律而得出的丰硕成果就是暇满的人身,浪费这样宝贵而难得的人身,实在是太可惜了。

《入菩萨行论》载:"已得此闲暇,我若不修善,除此更无惑,除此更无痴。"因此,即使是今生获得极高的名誉,巨大的财富,被人称赞为精明能干的人,也不能算是人中之宝,等到生命临终时,只能眼睁睁地在亲人的哭喊声中离去,无法留下任何能利益后世的东西。故此,要珍惜来之不易的宝贵暇满人身,以追求利益今生来世的佛法事业为重。

(五)思维数目差别

如果我们仔细观察和思考众生的数量和分别,则可推知到获得人身实属不易。如经中说:"地狱众生犹如夜晚繁星,则饿鬼如白昼之星;饿鬼众生犹如夜晚繁星,则傍生如白昼之星;傍生众生如夜晚繁星,则善趣众生如白昼之星。"又说:"地狱众生犹如大地之微尘,饿鬼众生犹如恒河沙,傍生犹如酒糟,阿修罗犹如弥漫的大雪,而人及天人仅仅像指甲上的微尘一样少。"总之,善趣之身极其稀少,尤其是人身。

我们再观察夏季一巴掌大的草地上存在着无数的小生命,或观察一个蚁穴中蚂蚁的数量,也就知道人类的稀少。如此人与动物的比例是显而易见的。思考人类世界,我们会发现没有佛法光明照耀的人类数量也是如此巨大，应当了知生在佛光普照地方的人是极为罕见的，尤其是具足暇满的人身更是稀有难得。据联合国《2010世界人口状况报告》，全世界有69.09亿人口，其中佛教徒只有一亿左右，而出家为僧者就更加少了。在出家人中，按照佛教戒律规范自己言行的就更稀少了。在西藏的一个村庄或一座寺院中，有很多出家的僧人或在家的学佛人，但是完全按照佛教道理来约束自己言行的人则很少。思考这些道理之后，想到自己如今已获得了真实暇满，应当生起欢喜心。

获得了如此难得的人身而从事恶业那就太可惜了。米拉日巴尊者对猎人言："本来佛说暇满人身珍贵极难得，但看见像你这样的人，便觉得人身并没有什么珍贵难得的。"龙树菩萨言："宝贵人身作恶业比珍贵金盆作痰盂更为愚蠢。"如此没有比人更容易成为恶趣的坠石。将千载难逢的宝贵人身当作恶贯满盈的容器就太不值得了。

《菩提心经》云："人身难得，生命更难；佛法难求，得果更难。"《华严经》云："八暇难得，人身难得，十满难得，出佛难得，五根具足难得，闻法难得，善知识难得。"《入菩萨行论》云："人身暇满甚难得，欲成义利诸善士，今生如不修饶益，来世暇满何处得？"又说："如来出世说善法，获得人身信佛法，得以修习善业等，甚稀何日方可得。"

藏传佛教后弘期著名佛学大师、印度那烂陀寺和超岩寺住持阿底峡尊者[①]云："暇满圆满身，难得得此身，往后更难求，修法有意义。"藏传佛教噶当传承开创祖师仲敦巴[①]言："暇满人身极难得，值遇佛法更难得，你不要浪费难得的暇满人身啊！"

据传，仲敦巴著名的三弟子之一，开噶当传承中教授一系的著名高僧格西·敬安哇[②]修持善法，从不睡觉，善知识仲敦巴说："弟子呀，应当去除身体的疲劳，否则四大不调，身体会生病的。"格西·敬安哇答道："身体健康固然好，但我一想到此暇满难得时，就觉得没有空闲休息。"他一生念诵了九亿遍不动佛心咒，一生奉行不倒单。

仲敦巴的著名三弟子之一，开噶当传承中口诀一系的著名高僧普

---

① 阿底峡尊者(892–1054)，今孟加拉人，藏传佛教后弘期著名佛学大师、印度那烂陀寺和超岩寺住持，1042年由尼泊尔至阿里，后至卫藏地区传法收徒，1054年圆寂于拉萨聂唐地方。

琼哇[3]言:“获得暇满人身而未作善业，则像捡到无价之宝没有享用而将之抛弃,造恶业则像宝物被毒侵染。”博多哇[4]言:“不浪费难得而无常的人身,做一件有意义的事情吧！”冈波巴言:“难得清净之人身,可惜用于造恶业;难得暇满之人身,可惜未学佛法而死去。”大成就者努努·贡确丹巴[5]言:“暇满人身如昼星,值遇佛法极难得,遇善知识更难得,尤其密宗金刚乘,几个大劫也难遇,梵天帝释也难求。”赤列欧色法王[6]言:“暇满人身如昙花,无谓消耗在今生的享用上,如同剧毒的鲜花挂在颈上,不知取舍之人真可怜！”等等。历代高僧大德一再嘱咐人身难得。

因此,今生是决定永远行善或永远作恶的关键。所以我们应当思维:如果今生没有修持佛法,来世也难以获得如是宝贵的人身。如果转生到恶趣之中,则没有正法的光明,不知取舍之处,将越来越向下,堕入无边无际的恶趣中。

马鸣菩萨言:“依人之舟,渡苦难海,此舟极难得,莫要贪痴睡。”如今应当精进,不断思考,反复观修、行持。

有云:

获得暇满难得之人身,
虽入佛门而耽非法行;
损害圣法欺骗众信徒,
懂得人身价值赐加持。
暇满难得之引导终。

---

① 仲敦巴(1005–1064),藏传佛教噶当派开创祖师。

② 敬安哇(1038–1103),仲敦巴著名的三弟子之一,开噶当传承中教授一系的著名高僧。

③ 普琼哇(1031–1109),仲敦巴著名三弟子之一,开噶当传承中口诀一系的著名高僧。

④ 博多哇(1031–1105),仲敦巴著名三弟子之一,开噶当传承中教典一系的著名高僧。

⑤ 大成就者努努·贡确丹巴(1781–1862),第28任直贡噶举传承禅修导师。

⑥ 大成就者赤列欧色(1894–1959),又名为贡确塔钦,第32任直贡噶举传承禅修导师。

二、寿命无常

现见法皆无常幻化相，
舍弃今世苦行修圣法；
获得终极无上佛果位，
噶举诸师足下我顶礼。

为了对治、克服懒惰和懈怠，我们讲授寿命无常的道理。寿命无常引导分二：思维外器世界而修无常，思维内情众生而修无常。

（一）思维外器世界而修无常

思维外器世界而修无常分二：大千世界无常，自然变化无常。

1.大千世界无常

由众生共同福德所形成的外器世界，由底层坚固风的坛城到最上面的四禅天界为止，构成了一个坚固的、可存数劫的大千世界。但这样一个坚固的大千世界也是无常的，最终必定将因“七火一水”而灰飞烟灭。在我们存在的漫长的大劫时间即将毁灭前，内情众生逐渐灭尽，到第一禅天以下，将没有一个生命体存在。之后将依次在天空中出现七个太阳，第一个太阳烧尽一切树木森林；第二个太阳出现时，一切溪流池沼干涸；第三个太阳出现时，蒸发一切大江大河之水；第四个太阳出现时，蒸发无热恼大海；第五个太阳出现时，逐渐蒸发外四大海之水，直至整个大千世界连一滴水都没有，全部蒸发干涸；第六个太阳出现时，焚毁整个大地；第七个太阳出现时，整个大千世界燃烧成一团火焰。火焰向下旋绕，燃尽一切地狱之处，火焰冲向上方，燃烧梵天所有的无量宫殿。如是七次大火焚烧后，在二禅天便形成水云，大如轭木、箭矢般的暴雨从天而降，光明天以下犹如盐溶入水中般迅速地消失。如是经过七次毁灭之后，最底层的金刚旋风坛城向上冲起，三禅天以下犹如风吹灰尘般地毁灭。《俱舍论》载：“火烧七次焚世界，七次洪水冲一切，最后旋风灭世界。”如是，这个世界将会由大火焚烧毁灭。佛经记载：“一个大劫过后的这个世界，一切与天空无二都将成为虚空，所有大山也将会焚烧。”如同这个世界一样，其它世界也会这样被毁灭。既然这个坚固的大千世界也会遇到这样的劫难，那么我们如此的人身，犹如秋日之昙花，瞬息万变，还有什么是永恒稳固的呢？故应诚心修持佛法。

2.自然变化无常

春天,蒙蒙春雨,煦煦春风,万物复苏,大地一片生气盎然;夏天,青草绿绿,鲜花盛开,鸟语花香,植物茂盛,牛羊肥壮;秋天,鲜花枯萎,花落花谢,秋风瑟瑟,草原变黄;冬天,寒风瑟瑟,千里冰封,万里雪飘,大地失去了生气。春去夏来,夏去秋来,秋去冬来。昼明夜暗,云遮日月,霜雹旱洪,瞬息万变。没有亘古不变的季节,也没有从不凋谢的鲜花,更何况我们血肉构成的身躯呢?如此思考我们来之不易的宝贵人身,诚修佛法。

(二)思维内情众生而修无常

思维内情众生而修无常分二:思维他人而修无常,思维自己而修无常。

1.思维他人而修无常

思维他人而修无常分三:思维高僧大德而修无常,思维世间尊主而修无常,思维其它众生而修无常。

思维高僧大德而修无常。在此贤劫中已经出现了胜观佛(毗婆尸佛)、宝髻佛(尸弃佛)等七佛及其不可思议之声闻、缘觉、阿罗汉众眷属,以三乘佛法利益无量的所化众生,然而现在只有释迦牟尼佛的教法仍然存在,除此以外诸佛都已趣入涅槃,教法也逐渐隐没。

现在此教法中虽然出现了许多大声闻、缘觉及其五百阿罗汉众眷属,但他们也已趣入涅槃。此外,在印度圣地虽然曾出世具足地道功德、众多神通、无碍神变的结集经教之五百阿罗汉及二胜六庄严、八十大成就者等,然而如今已无一人在世,仅有记载他们出世情况的传记尚留存于世。

在藏地雪域,佛教前弘期曾出现了君臣二十五大成就者,耶瓦八十大成就者等;后弘期又涌现了噶举三祖师(即玛尔巴、米拉日巴、塔波拉杰)、噶举四传八系、觉巴·吉天颂贡及其几十万弟子等不可思议的智者及成就者。他们大多已获得了成就果位,四大自在,若大鹏般飞翔,火不能焚、水不能溺、土不能压、不堕险地,远离一切四大元素的损害。例如,米拉日巴尊者在尼泊尔的尼祥嘎达雅山洞中禁语而住时,来了许多猎人,问道:你是人还是鬼?尊者没有回答,只是直视虚空而安坐。他们先向尊者射了许多毒箭,但没能伤害他,又把尊者拖到水中、丢下深渊,然而尊者依旧返回原地安坐。他们又在尊者身上堆积木柴点火,火却不能燃烧。虽然曾出世了许多像这样的大成就者,但最终一切都显示出无常的本性,现在仅有传记留存而已。

我们这些人以往昔恶业为因,为恶缘之风所吹动,由恶劣习气相联结,心的相续依靠四大假合的不净肉身,无法确定此脆弱的身相于何时何地毁灭,因此从现在起身语意应当精进修善。正如《章节经》载:“如此声闻和独觉,抛弃此生难得身,何况我等凡夫身。”

思维世间尊主而修无常。寿命长达数劫、具足威光的如世间尊主梵天、帝释天、遍入天、大自在天等诸天人和仙人也不能摆脱死亡。《解忧书》云:“大仙具五通,能行于虚空,然而却不能,诣于无死处。”具有神通的大仙人,虽然以神变力可以行走于虚空中,但最终也无法摆脱死亡。

人间也是同理,许多地位显赫、财富兴盛、国强民富的王朝最终都走向灭亡,如印度圣地的众敬王朝、孔雀王朝、贝巴王朝、赞扎王朝、巴拉王朝等;中国的汉朝、唐朝、宋朝、元朝、明朝、清朝,以及藏族历史上的十二小邦、四十小邦、吐蕃政权等许多曾经叱咤风云、不可一世的王朝和国家,现在只剩下名字而已,当时修建的华丽的城堡,也只剩下了残垣断壁。没有永恒的繁荣,也没有永远不灭的存在。

若思维上述道理,那么我们现在的住房、受用、眷属、权势等虽然自以为比较善妙,但与前人相比,则如同蜂巢一样。所以应当观修:这些都是没有任何恒常稳固性的。《大游戏经》云:“三界变化如同空中云,众生生死如同舞台戏,众生生命如同闪雷电,快速如同飞流之瀑布。”

思维其它众生而修无常。在这个大千世界上,我们暂且不谈其它生命体存在的年代,据说人类的出现也有上亿年了,但现实生活里能够活到百岁的人却很稀少。在我们历代先辈上师的传记里,记载了许多为将和平的种子种在人们心中,建寺立派传播佛法的故事,但现在也只剩下历史记载而已。大地失去了养分,人的寿命也逐渐缩短。我们曾经住过的繁华的城市、整洁的村落、壮观的寺院都变成了残垣断壁,今非昔比;从前财大气粗、兴旺发达的人,现在家破人亡,沦落街头;昔日贫穷潦倒、身无分文的人,如今变成财力具足的人,这些都不离无常的本性。佛经云："敛终挥，立终倒，聚终散，生终死。"昔日的富豪变成穷人，昨日的法官变成囚徒，往日的国王变成奴仆，成群的牛羊被一场雪灾化为乌有，昨日的富豪被盗贼抢劫一空。先辈建立的坚固城堡只剩下残垣断壁，如曾经能够容纳上千人，由一百八十大根柱子立起来的直贡替寺大经堂，现在只剩下了残垣败瓦。

欢乐和痛苦也是变化无常的。有许多欢乐瞬间成为痛苦，令人痛哭流涕；也有许多痛苦变成欢乐，令人欢天喜地；昨日的朋友今日成为仇敌，今日的仇敌明日成为朋友。从前，嘎达亚尊者去化缘，看到一施主怀抱儿子，津津有味地吃着鱼肉，并且用石头打了正在啃食鱼骨的母狗。尊者以神通观察，发现那条鱼是施主父亲的转世，那条母狗则是他母亲的转世，前世杀害他的仇人转生为他的儿子来偿还宿债。看到如此情景，尊者诵偈道："口食父肉打其母，怀抱杀己之怨仇，妻子啃食丈夫骨，轮回之法诚稀有。"人世间所谓的欢乐和痛苦是难以捉摸、变化无常的。又如，米拉日巴尊者的伯父，上午大摆喜宴，为儿子迎娶新娘，下午房屋倒塌，死伤无数，遍地哀嚎。

我们生活在一个家庭中的人也是如此，历代宗亲都逐渐死去，现在只剩下他们的名字而已，同辈兄弟姊妹等也有许多已故去，时过境迁，此时我们完全不知他们转生在何处。在世俗世界里，许多以前被公认为有财有势、有学问有本事的人，现在成为受人歧视的阶下囚或穷困潦倒的乞丐；相反，以前被认为是无赖的痞子，而今成为众人羡慕的财富权势之人。

在出家僧众里有这样的俗话："具证年老求学问，舍士年老积财物，法师年老成家长。"有些僧人在年轻时成为禅修之楷模，后来却变为游荡在都市的浪人；有些在上半生抛弃一切世间琐事，专心修佛，下半生却不择手段地聚敛钱财；有些在过去是为人传法的导师，现在却成了猎人、窃贼或强盗；还有些上半生是持戒清净的戒师，下半生却成为子嗣成群的家长。相反，也有些上半生造恶如麻，下半生却专心修持正法，获得成就，或者虽未获成就但已入佛门，死后往生清净刹土。所以现在的贤劣只是瞬间的显现，没有永远不变的。

正所谓生极必死、积极必尽、合久必分、堆极必倒、高极必堕啊！即便是高如天空、厉如霹雳、富如龙王、美如天仙、艳如彩虹者，当死亡突然到来之时，也没有刹那的自由，只能赤裸裸地离开人间。虽然舍不得抛弃自己的财产、亲友、眷属、部属、弟子、仆从、饮食等，但此时也不得不抛弃一切，犹如从酥油中抽出毛发一般独自飘然而去了。

《入菩萨行论》云：虽然我们在生时获得了很多财产，并在相当长的时间内享受了荣华富贵，但当我们赤裸裸地离开人世的时候，不能带走一分钱财。纵然是数千人的上师也不能带走一个弟子，即便是数万人部落的首领也不能带走一个仆人，是泱泱数亿人大国的领袖也无法带走一针一线，也要舍弃自己所珍爱保护的身体。当死亡来临的时候，没有躲藏的地方，也没有逃跑的时间。

有些人虽然活着的时候身居高位、身着绸缎、口饮茶酒，但他们死后也只是一具臭烘烘的皮囊，东倒西歪地放在那里，令人生畏发呕。如米拉日巴尊者言："见而生畏之尸体，本为现在之身体。"当生命终结之时，人们将尸体用绳子捆绑，以土石垫靠，用布幔遮盖，无论活着的时候多么可爱美丽，此时都将成为令人发呕的尸体。活着的时候，在层叠舒适的床上身穿温暖羔皮，头枕柔软皮毛，甚至睡醒后稍有不适就要左右翻转。但死后，只是在身下垫上石头或者草堆，头上布满灰尘。无论生前多么尊贵，死后不得不入土为安，成为千百万细菌的美食。

而活着的人照样过着他们认为是幸福的生活。米拉日巴尊者言：死去的人即便是生死之交的朋友，也会成为令人作呕的尸体，被活着的亲友火化或投到水中，或者丢到尸陀林，尔后他的亲人便心安理得了。死亡时没有任何伴侣，只有自己独自漂泊于中阴界，所能依靠的只有正法。所以从现在起应当再三思维，尽力精进修持正法。

2.思维自己而修无常

思维自己而修无常分三：思维自己必死无疑而修无常，思维死缘无定而修无常，思维生命无法赎回而修无常。

思维自己必死无疑而修无常。思维自己必死无疑有三个理由：没有长生不老的人，身体是众多物质的聚合体，寿命日益减少。

没有长生不老的人。纵观浩瀚的宇宙，大到恒星世界，小到蝼蚁细菌，没有一个永恒不变的事物，更何况由血肉构成之躯体。我们未曾听过说有长生不老的人，也未曾见过永远保持青春容颜的人。自己不会长久地存在于这个世界，终将必死无疑。马鸣菩萨曾经向人们问到：从大地到天界，你们见过长生不老的人吗？当死亡来临的时候，即使是具有非凡神通的得道仙人，甚或是二障清净、智慧圆满的佛陀，也无法逃脱死亡的命运，更何况我们凡夫俗子呢？马鸣菩萨曾言：具有三十二种大丈夫相和八十种微妙细相，坚如金钢般的如来身也是无常的，何况就像芭蕉一样脆弱的凡夫身躯呢？

身体是众多物质的聚合体。身体是众多物质的聚合体，合的缘分到尽时，就是我们死亡的时候。我们必死无疑，我们终究会死亡。因为，我们的身体是众多肮脏物质的聚合体。具体而言，就是人体的七大物质基础，包括饮食精微、血、肉、脂、骨、骨髓和精。这七大物质互相作用，在互相转化的过程中，血可以滋润身体，维持生命，肌肉构成躯体及五脏六腑，脂肪储存能量，骨骼构成躯体的支架，精液为元气繁衍后代。在人体内脏吸收食物的营养后，其剩余的糟粕就会以固体和液体的形式排出体外，即大便、小便、汗液。此外还有牙齿、指甲、耳垢、鼻涕、眼垢、毛发等，共同维持着身体的新陈代谢。这些物质聚合组成的身体，是一个不坚固的东西，随时都有坍塌、撕裂、腐烂的危险。一切事物皆为无常。虽然我们平时对自己的身体以绫罗绸缎、锦衣玉食来倍加呵护、倍加珍惜，但是也不能永久地拥有、永久地存在，终将毁灭。世尊云“有为法皆无常”，就是这个道理。

寿命日益减少。从呱呱落地那一刻开始，人的寿命日益减少。设想我们从出生到现在为止，已经减少了多少年月。从去年到现在，整整减寿了一年；从上月到此月，减少了一月的寿命；从昨天到今天，也减寿了二十四个小时或一千四百四十分或八万六千四百秒。当我们听到时钟的嘀嗒嘀嗒声，就意味着寿命正逐秒逐秒地减少，生命逐渐在衰萎。

米拉日巴尊者言：“幻化之身如破屋，下着昼夜的暴雨，滴着年月的雨水，幻化之屋快倒塌，快用修法来补漏。”寿命的减少就像大力士射出的利箭、从山上滚下的巨石、迈向刑场的犯人，一步一步逼近死亡。《入菩萨行论》载：寿命无时无刻在减少，也不可能增加阳寿，我怎么可能就不死的呢？应当时刻观修自己随时都有可能马上死亡的念头。

思维死缘无定而修无常。思维死缘无定而修无常分三：死无定，身无意，死因多。

死无定。在这个裟婆世界上,我们人类活着的缘分很少而死因众多。有人相信算卦的预测,自己能够活到八、九十岁,但却可以看到他不到十年就命归黄泉了。人的死亡方式是多种多样、无法预测的。有些人在母胎中便已死亡;也有些刚刚出生就死了;还有些刚刚学会爬行就夭折;有些是在壮年时死亡的;有些是衰老而死的;有些是因患病但未及时治疗而死的;有些因久病卧床不起而瘦骨嶙峋地死去;有些人在食物还未吃完、话还未说完、事情还未做完中死去;有些人自杀而死,有些人胀死,有些人饿死。

在无数死亡的原因之中,生缘却如风中残烛,极其稀少。对有些人来说,现在就是他们突然死亡的时刻,我们谁也无法确定自己明天会不会突然死亡,转生为头上长角的动物,因为有些湿生、化生的有情死后会立即投生。所以应当诚信死期无定、生处无定的道理。

身无意。如前所述,人的身体是由三十六种污秽的东西所构成,没有一个坚固不变的金刚之躯。口里流着肮脏的唾液,鼻孔里流着鼻涕,眼角挂着眼屎,耳朵里塞满了耳垢,秘道里经常流着肮脏的大小便,整个身体就像一面即将倒塌的老墙,一棵枯萎的老树,一头病重的老牛。即将成为成千上万个微生物吞食的美食,细菌的繁殖场所和秃鹫的美餐。当我们仔细观察自己的身体时,会发现整个身体中没有一个坚如金刚的部位,从头到脚没有一处是永恒不变的,都是因缘聚合之物。

死因多。有生就有死,这是一条亘古不变的必然规律。但死亡的方式、死亡的原因和死亡的时间是不确定的。我们谁也无法预知自己在何时、何地、因何种原因、以何种方式而死亡。阿阇黎圣天(圣提婆)说:“死缘极众多,生缘极稀少,彼亦成死缘。”如火烧而死、水溺而死、中毒而死、坠险地而死、猛兽咬死、雷击而死、电触而死、炸死、撞死、踩死等等死亡的原因,实在是太多了。而生的缘分却微乎其微,而且生缘中自足所需的衣食等往往也成为致死的原因,如食用有毒食物、含有化学物质食品、过期变质食品、假冒伪劣食品等。

尤其是当今世界,由于不正确的宣传,有许多人过分喜爱肉食和烟酒,肆意食用血肉、大量饮酒、过度吸烟、放纵行为而导致死亡已司空见惯了。为追求财富和名誉等而经商谋利、投机取巧、超负荷工作、奔赴杀场等也成为死亡的原因。总之,没有任何事情不能成为死亡的原因了。就像龙树菩萨为劝戒亲友乐行贤王而撰写的著名信函《劝戒亲友书》中记载的那样:生命就像是风暴中的水泡,吐纳吸气之间生命如昙花一现,晚上睡觉而早上能起来是一件非常希奇的事情啊!

思维生命无法赎回而修无常。思维生命无法赎回而修无常分三:财富无益,亲朋无益,自身无益。

财富无益。当死亡悄然来临的时候,即使拥有全世界的财富,也没有办法延长片刻的生命。古往今来,有多少帝王将相曾煞费苦心,制造长生不老的灵丹妙药,想让自己永久留在这个世界上,继续享受荣华富贵,但没有一个人获得成功。现在我们能够见到的只是历史书上的只言片语而已。富贵不能延长生命,更不能解放生命,相反将成为今生和来世的绊脚石。今生为聚敛钱财而受尽奔波之苦,生命即将终结时也不能忘记自己聚敛的钱财,意识不灭,神识久久不散,往生到恶趣之中。

龙树菩萨曾言:"聚敛护财可怜人,要知财富危害之无穷。"直贡噶举创始人觉巴·吉天颂贡也曾说:"财富是一切痛苦的根源,是斩断解脱道路的谋杀者。"

亲朋无益。当死亡悄然来临的时候,亲朋好友起不到任何作用,相反会阻碍自己的神识转世到善处。生前为自己的子女聚敛钱财,怕他们饿着、病着、累着而奔波一生,耗尽了极其难得的宝贵生命,由于这个报应,死后投生到恶趣而深受苦难。龙树菩萨的弟子寂天菩萨说道:当死亡来临的时候,即使所有亲朋好友都聚在你身边也不能使你减轻痛苦,没有任何人来保护你,父亲不能护你,母亲也不能疼你,儿女也不能孝敬你,死亡的痛苦只能由你自己来承受,别人是代替不了的。米拉日巴尊者言:"劝留的亲朋是敌人,看似善意而成坏事,你知否亲戚是敌人,知道就远离他们吧!"

自身无益。当死亡悄然来临的时候,勇敢者无用武之地,善跑者无奔跑之地,博学者无辩论之地。曾经怕冷、怕热、怕痛、怕饿、怕渴、怕打、怕杀、怕这怕那,时时疼爱着、美化着、赞美着的身体——作为痛苦聚合的躯体,即将烧成灰烬,不留痕迹。今天我们见到别人的尸体什么样,将来自己也会那样。

《入菩萨行论》载:"历经苦难聚财物,锦衣玉食养身体,与你分离鸟狗食,或者火烧成灰烬,或者抛弃江河中,或者埋葬在地下。”人死后,按照不同国家、不同民族、不同丧葬习俗而把尸体处理掉,这是必然的事情。

有人认为死亡是早晚的事,不如趁早享乐,今生幸福即可。如果没有来世的话,这种想法也无可厚非。就像古印度盛行的外道顺世教派或现在的无神论者说得那样,没有今生来世,没有灵魂,那么就不用考虑太多的事情。但这是不符合自然规律的。事实上不但有今生来世,有神识,而且今生的一切取决于前世的善恶结果,来世的一切取决于今生的善恶结果,故应积极行善。

经言:“明日与来世,不知谁在先,不应为明日,而为来世勤。”既然已经获得了极其难得的宝贵人身,又不知道自己的生命在何时、因何原因终止,我们就应该积极努力地为解脱而勤奋修法。

米拉日巴尊者言:你现在有了宽敞的住宅,值得高兴,但你是否想过死时将变得空空荡荡?你现在有了权势和力量,值得高兴,但你是否想过死时将无依无靠?你现在有了众多的亲朋好友,值得高兴,但你是否想过死时将妻离子散?你现在有了子孙满堂,值得高兴,但你是否想过死时将两手空空、赤身裸体?你现在有了一身武艺,值得高兴,但你是否想过死时将尸体被捆?你现在身强力壮,值得高兴,但你是否想过死时将没有知觉?你现在有了锦衣玉食,值得高兴,但你是否想过死时将不食人间烟火?我们用心思考,并且感受以上所说的种种情况,抛弃繁文缛节和不切实际的想法吧!

觉巴·吉天颂贡言:“一切无常皆当死,世间俗事亦虚假;八法犹如彩虹画,能否依靠善思之。亲朋相聚见分离,亲属亲情亦虚假;亲朋犹如集市客,能否依靠善思之。身体自然而兴衰,逞强斗勇亦虚假;青春犹如秋花般,能否依靠善思之。钱财累积见耗尽,吝啬苦积亦虚假;财富犹如草尖露,能否依靠善思之。”马鸣菩萨也说过,一切生命的诞生,都将面临死亡。如此,经常思考和观修,世界上没有永恒不变的事物,除了佛法之外也没有具有终极意义的思想。我们始终要有离开世俗世界修持佛法的心。这种想法有时会突然冒出,但坚持不了多久,所以要经常思考一切无常的事情,训练自己的心,永葆出离心。

大成就者努努·贡确丹巴禅师言:“外器世界无常之变化, 内情生死无常之变化，白天黑夜无常之变化，观此等变化弃永恒，心不要迷茫修佛法；日月星辰之变化，春夏秋冬之变化，四大元素之变化，观此等变化弃永恒，心不要迷茫修佛法；从前无数已逝世，未来无数将要死，现见无数已去世，观此等变化弃永恒，心不要迷茫修佛法；因果不虚之规律，结出苦乐之果实，何时死亡没把握，想此种道理弃永恒；六道众生痛苦大，暇满人身很难得，难遇佛法善知识，想此种道理弃永恒；兴旺过后走衰落，聚众必然走离散，身体冷暖之变化，观此等变化弃永恒；聚财被人所利用，丰收被霜所摧残，心爱人被怒火烧，观此等变化弃永恒；稍纵即逝如彩虹，昨日美梦成泡影，财产挥霍无分毫，观此等变化弃永恒；变化无常的气候，好坏不定的心情，老少变迁的身体，观此等变化弃永恒；兴衰无常的财富，渐渐损耗的体力，观此等变化弃永恒。”法王赤列欧色也曾说：“生命无常如同水中之泡影，不会永久居留，稍纵即逝；亲朋好友如同梦中之幻境，可悲被亲所杀处处可见到。”

如同前述，我们要经常不断观修生命无常的道理。应当效仿噶当教法传承前辈的修行，遵循他们修行精髓至宝四依处，即心宿于法、法宿于丐、丐宿于死、死宿于荒壑。竹巴噶举的藏巴甲日法王强调修行时要做到“三金刚”，即不惑金刚让前走，无耻金刚放在后，智慧金刚随伴行。噶举前辈经常强调修行时要谨记“三种威猛真言”，即该来的就来，该去的就去，什么也不管，只要好好修行。

要时时刻刻观修死亡，并且观想行、坐、卧等一切行为都可能是今生最后的行为，口中所言、心中所想也是如此。如果去其它地方，也观想将客死他乡而没有重返故土的机会。走在路上或者在台阶上休息时，也观想可能死于此处，无论身在何处也都应观想可能死在这里。晚上睡觉时也要想，今晚可能会死在睡觉的地方，无法确定明天是否还活着。早晨起床时也要想，今天也许会死，无法确定今晚还有睡觉的机会。如此种种诚心殷切地观修死亡。

从前，噶当传承的格西们在晚上睡觉前常思维：不知道明天早晨还用不用生火。因此他们常不留火种，并且碗也是倒扣放的，每时每刻都对死亡生起信解。我们也应像他们那样修行。我们观修死亡的目的是为了更好地修行。

敬安·噶尔曲登巴[1]曾说：“思考死亡的目的是进入佛法的殿堂，抛弃无关的事情，如果做不到这一点，思考也没有用。"故此，仅仅修习死亡不定还不够，因为临终时只有正法有益，所以应当恒时不离正知正念，并了知轮回一切事物皆是无常、没有实义而策励修持正法。

至尊帝洛巴言："呜呼！善了知于世间法，皆非恒常如梦亦如幻，虚幻之故本没有实义，如是抛弃世间的事情，尽断眷属家乡贪瞋缘，独自趣向荒林与丘壑。"慎重取舍，勤修世出世间善法之心，寻找一个寂静的修行地方，如同钉了钉子一般静坐禅修，寻找自己心的本质，那时你将会获得一个不怕死的境界。如米拉日巴尊者说："吾初畏死亡赴山中，恒常修习死无定，悟得不灭的本性，消失死亡的恐惧。"

冈波巴大师也说过："初时害怕生与死，需如鹿子逃出笼；中期死亦无遗憾，当如农夫勤耕田；最后内心得安乐，应如伟人成大事。最初无暇思余事，应如箭中人要害；中期无散中修行，当似独了亡之母；最终了知无所为，如敌赶走牧童牛。"

敬安·曲吉杰布[①]也说道：无时无刻都要思考死亡的道理，就会圆满具备勤奋努力的决心。直到我们彻底懂得佛所揭示的根本规律为止，都要观修死亡。

世尊也说："犹如众迹中，大象迹最胜，如是佛教内，所有修行中，唯一修无常，此乃最殊胜。"

《毗奈耶经》云："我之眷属中，犹如妙瓶者，比丘舍利子，及目犍连等，于如是百人，供斋与供物，不如一刹那，忆念有为法，为无常殊胜。"

有一居士问格西博多哇："若专修一法，修何法最为重要？"格西答："若唯修一法，无常最为要。倘若修行死亡无常，首先可作为进入佛法之因，中间可为勤修善法之缘，最后也有助于证悟诸法本性。又倘若修行无常，最初断除此生绳索之因，中间作为舍弃贪婪轮回之缘，最后也有助于趣入涅槃之道。又最初生起信心因，中间精进作为缘，最后生慧为助伴。又若修此无常，且于相续中能生起者，初可成为求法之因，中间可作修法之缘，最后有助于证悟法性。又倘若修行此无常，并于相续中能生起无常之念，则初为盔甲精进之因，中为前行精进之缘，后可成为无退精进之助伴。"

① 敬安·噶尔曲登巴(1180–1240)，觉巴大师首要弟子之一。

若果没有在自己心中生起纯洁的无常意识，那么即使你再聪明、智慧、博学，穿僧装、剃度、念经、擅长仪轨，也只能起到今生的表象作用。这样的出家人被财物迷住了纯洁信心的眼睛，把神圣的佛法当作发财工具，建房子、做生意，夏跑牧区，冬奔农区，见啥要啥，口诵佛法，行为恶劣，比俗人更俗。觉巴大师说："看似修法其实行非法，世俗人有羞耻的时候，他却没有。"今生如何艰苦努力，聚集财富，临死时起不到分毫的作用。

冈波巴大师言："对自己幻化的身体怎么侍奉和珍爱是无常的，没有用；对财富怎么吝啬和贪心也是无常的，死时只能赤裸裸地一个人走，没有用；对历经艰辛建筑的房屋怎么美化，死时将尸体逐出门外，没有用；对子孙后代怎么疼爱，死时起不到一点帮助，没有用；亲朋好友怎么亲密无间，死时没有一人伴你同行，没有用；为了今生的利益如何扩大势力，死时跟他们一点关系都没有，没有用。"

藏传佛教希结传承开创者，印度著名佛教大成就者荡巴桑杰[①]又说："若见西藏修法者，不觉仰天哈哈笑！谁具广闻谁傲慢，修行好者积财宝，谁依静处多散乱，谁离故乡无羞愧，彼为形象修法者。彼等喜爱造恶业，虽已见到他人死，然却不知己将亡，如是此等修行人，首先应当呵责之。"

进入佛门是为了来世积累善业，但现在进入佛门就像是为了今生积累财富，这是佛教衰落的征兆。如果能够深刻认识到死亡的无常，这是打开所有神圣教法的钥匙。曾有一居士问博多哇消除恶缘的诀窍，博多哇回答说："汝当多思死无常，若心生起定死亡，净除罪业无困难，修持善行无困难。倘若在此基础上，汝多修持慈悲心，于自相续能生起，利益有情无困难。倘若在此基础上，多修诸法实相空，于自相续能生起，清净迷乱无困难。"

觉巴·吉天颂贡也教导我们说："前行法比正行法还重要。"如果在自相续中能对无常生起定解，则能够彻底舍弃对今生世间一切事物的贪执，犹如胆结石患者不愿取油食一样。

法王帕木竹巴说："我对今生没有产生过丝毫的贪恋！"我们应该

① 敬安·曲吉杰布(1335–1422)，第 11 任直贡法王。

以噶当教法传承的格西温为榜样,将无常道理融入自心之中。他经常讲着无常的道理,勤奋修行,终生不断。我们要沿着先辈高僧大德的修行足迹,经常思考无常的道理,勤奋修行。

有言:

虽懂有为法皆为无常,
执着之心贪恋今生故;
老朽惨败也未思死亡,
相续生起无常祈加持。

寿命无常之引导终。

三、因果不虚

现见诸法本性和缘起,
领会善恶因果无欺诈;
了悟空性取舍依教行,
噶举上师足下我顶礼。

因果不虚之引导分三:所断之不善业,应行之善业,一切业之自性。

以众生各自所积累的善、恶之业为因,而导致转生于轮回的善趣或恶趣中。轮回是由业而生,并且感受业的果报。转生到善趣或恶趣不是天命注定的,也不是上帝安排的,更不是偶尔的因缘所生,因此我们应当随时随地观察善恶之因果,抛弃一切不善之行为,积极从事一切善法。佛偈云:"诸恶莫作,众善奉行,自净其意,是诸佛教。"

(一)所断之不善业

所断之不善业分三:身恶业,语恶业,意恶业。

1.身恶业

身恶业分三:杀生,不予取,邪淫。

杀生。对外境某人或某傍生产生欲杀的动机,最后断绝他们的命根为杀生。如勇士在战场上杀敌是以瞋心而杀生;如想食用野兽肉、为穿野兽皮而杀害众生是以贪心而杀生; 有些外道认为杀生是善业,杀牛杀马祭天等是以痴心而杀生。尤其是杀父亲、杀母亲、杀罗汉被称为

① 荡巴桑杰:藏传佛教希结传承开创者,印度佛教大成就者。

无间业,无间业是今生与来世之间没有中阴而直接堕入无间地狱之因。

我们认为自己没有亲自动手杀生，所以就没有造杀生的罪业,是干净的。但是,请你们想一想,无论我们多么高贵有权势,多么卑微而软弱,在我们脚下踩死了不计其数的小生命,难道这些小生命就不是生命吗？尤其是当活佛、上师和僧人们到牧区去化缘时,不论走到村庄、牧户,主人都要宰杀牛羊,烹调血肉,热情款待,尽力供养。我们自称为慈悲化身之人,既无悲凉之心,也无追悔之心,这样的施主和福田双双造成杀生罪业,没有谁轻谁重。

那些官员们,无论走到哪里,都有群众杀害无数的生命来迎请款待。那些富翁们,不知杀害了多少牛羊,其中除了极个别的属于自然死亡之外,都将面临被宰杀的危险。这些牛羊又吃了多少虫蝇、蚂蚁、鱼儿和青蛙,踩死了多少小生命。就在一堆牛粪下面也不知压死了多少小生命,这些杀生的罪业也将统统落到它们的主人身上。以绵羊举个例子来说说吧,在夏季,当绵羊吞食青草的同时,也喜爱享用小蛇、青蛙、鸟蛋,有多少个微小的生命丧命于此;当秋季牧人们剪羊毛的时候,每一只绵羊的背上寄生着数十万的微小生命,失去了赖以生存的地方,随同被剪下的羊毛命丧黄泉;当春季母羊产羔的时候,牧人们为了获取优质、轻便的羔皮,把大多数刚出生的羊羔宰杀;那些一生为牧人提供羊奶和羊毛的母羊,在它生命还未耗尽之前,也被牧人无情地宰杀。草原上自然放养的绵羊一般都生有很多虱子,为了消灭绵羊身上的虱子,牧人们想尽办法,用各种各样的杀虫剂喷洒,上亿个小生命就这样无情地丧命于现代化的毒药里。其实,不论大小,同样是拥有生命的动物,我们杀羊或杀虱子的罪孽是一样的。每当我们邀请亲朋好友到草原上,就会宰杀最肥壮的绵羊,盛情款待,好像除了宰杀绵羊以外再也没有别的食物款待客人一般。在佛法的慈悲笼罩下的雪域高原出现了无情杀戮的恶魔,其实这恶魔不就是我们吗？

孩童们在游戏玩耍的时候,看见或没看见时所杀的生命是不计其数的。供人们利用一生、饮用牛奶,以其大恩养育我们的母牛,如同我们的父亲母亲一样,但是我们却宰杀它们享用血肉,想到这些道理,人甚至比罗刹魔女还残忍。这样杀生的恶业若具足四种罪业的分支,则将圆满感受杀生的果报。

例如，就猎人猎杀野兽而言，首先，他亲眼见到一头獐子或鹿，他认准了这是某某动物，称为了知对境为众生(第一分支)；然后，对此动物生起想杀的动机，称为生起欲杀之意乐(第二分支)；之后，用火箭、枪等击中动物的要害，称为加行采取行动(第三分支)；紧接着断绝了那个动物的命根，使它呼吸中断、瞠目直视、眼泪汪汪，身心聚合瓦解时称为究竟断绝命根(第四分支)。这时主人立即将鲜肉放进火里烤，或置于炉灶上煎煮，然后食用。如果想到这一点，食用活生生众生的那些人简直与猛兽没有分别。

现在有人这样认为，只要不是自己亲手杀生——唆使他人杀生是没有罪业的，或者虽有罪业也是微不足道的。事实上，哪怕是赞赏杀生的那些人也有同样的罪业，何况是唆使他人杀生呢？也就是说，我们应当知道，参与杀生的每一个人都有杀害一个众生的全部罪业，而不是杀生这一罪业由参与的许多人各分一部分。当我们在田间劳作翻土的时候，将地下的昆虫全部翻上地面，有无数的小鸟跟在后面啄食昆虫；同时，无数个生活在地面的小虫又无情地被压在泥土下而死去，这是多么大的罪恶啊！

我们出家为僧的都不应该杀生，但是当我们夏季到牧区去化缘，冬季到农区去化缘，走南闯北的时候踩死了多少个小生命？佛祖曾言，我不让声闻吃肉。但是，很多自认为是大德的僧人，大块吃肉，不觉羞耻。正应了那句俗话："不让食肉者为喇嘛，食用最肥者为喇嘛。"在我们举行大型佛事活动时，为供奉僧众，将会宰杀很多无辜的牛羊，这是颠倒的生活。有人还扬言"悲者食肉，智者饮酒"，这是一派胡言。谁会认为杀害自己的母亲是打开慈悲之心的佛法呢？

不予取。不予取分三：权威不予取，盗窃不予取，欺诳不予取。

权威不予取：具有强大势力的国王或独霸一方的君主，应该以合法的税收来充盈国库，并且取之于民，用之于民。而用非法的暴力劫夺他人财产，或者用军队等统治阶级的工具来劫夺和占有他人财产，就称为权威不予取或势力不予取。

盗窃不予取：如盗贼在暗中偷盗他人的饮食、财物归为己有，称为盗窃不予取。

欺诳不予取：如经商贸易过程中，为了欺骗对方而以说妄语、缺斤短两等手段不合理地获取对方财物,称为欺诳不予取。

现在有些人认为,只要没有亲自参与偷盗行为,而是在经商过程中以缺斤少两、花言巧语等欺骗手段获取财物就不会造成罪业。其实以欺诳手段获得利润与直接偷盗没有任何差别。尤其是当今市场经济时代,一些上师和僧人如同世俗之人下海经商,并为此而忙碌终生,没有时间参禅悟道,还自以为精明能干,能毁坏僧人相续的再没有比经商更严重的了。因为经常为经商而奔波,遗忘了求学、清净业障等闻思修行,而且也没有求学修法的机会,甚至连晚上睡觉时也在考虑经营的帐目,已断了信心、出离心、大悲心等的根源,被迷乱的外境所转。

从前,米拉日巴尊者到一个寺院去借宿,晚上在一僧人寮房就寝。那僧人就寝后就开始盘算,明天要杀一头牦牛,又筹划如何销售牦牛的皮肉,以致整个晚上都没有睡着,直到天亮。当黎明的曙光悄然而至时,那僧人立刻起身开始做日常功课,这时他看见米拉日巴尊者仍在睡大觉,于是走近尊者,语带讥讽地说:“你自以为是个修行者,可是天都亮了,日常功课却一个也没有做,还在睡懒觉。”米拉日巴尊者回答说:“我平时是不睡懒觉的,但昨晚我一直在盘算如何出售那头被杀的牦牛,因此整夜都没有睡着,直到今天早晨才睡着。”这样揭穿了那个僧人的罪恶之源。同样的道理,现在有些商人昼夜都在考虑经商,思想处于迷乱状态,当生命临终时,也将在这种迷乱的境界中死去。

不仅如此,夸耀自己所卖的低劣商品,贬低对方的商品,种种妄语不绝于耳;在买卖双方交易时,妄说自己想买而使买卖双方不和睦,为离间语;说对方的物品低劣,或以欠债之因造成争吵等为恶语;无意义地抬高价格,不想买也讲价等为绮语;想得到对方的财物为贪心;想击败他人为害心;不相信因果规律和佛法三宝者为邪见;为了买卖宰杀牛羊等牲畜为杀生;拐卖妇女为邪淫;不讲诚信的买卖具有不予取。这样就具备了十种不善之业。如果经营不顺利,将浪费财物;反之则不知满足,成为恶趣的基石。故此要放弃不予取,出家人更应放弃。

五邪命也是不予取的一种。为假相欺人,以求利益者;为假语吹嘘,以求利益者;为旁敲侧击,诱人相信,以求利益者;为设法讹索,以求利益者;为以薄利诱人,获得厚利,以求利益者。这五种邪命也具备了罪恶的全部内容。

邪淫。邪淫为在家人的戒律，分三：血缘戒，主人戒，法戒。

不能与自己血缘相近的父母、兄弟、姐妹等发生乱伦关系，为血缘戒；不能与有夫之妇或有妇之夫发生关系，为主人戒；法戒为不能与妻在白天、生病或未完全康复、妊娠期间、忧愁所迫、月经期间、受持斋戒日及三宝供奉处等交媾，也不能与出家人、未成熟女性、产妇等交媾，更不能口交、肛交、性虐待、同性等非正常交媾。邪淫的种类很多，是在家人的主要戒律。邪淫的人福报小，家不和，不幸福，被人诋毁，堕地狱。邪淫是出家人的根本大戒。

2.语恶业

语恶业分四：妄语，离间语，恶语，绮语。

妄语。妄语分三：一般妄语，大妄语，上人法妄语。

一般妄语：怀有欺骗他人之心而说的一切自性妄语。见说未见、果说未果、寻说未寻、觉说未觉、触说未触、闻说未闻等等，怀着欺骗他人之心而说的一切谎言。

大妄语：说善法没有功德、恶业没有罪过、清净刹土没有安乐、恶趣没有痛苦、佛陀没有功德等等，没有比这样的谎言更大、更明显、更严重的妄语，故称为大妄语。同时，出于嫉妒之心而说某某上师没有功德、没守戒律等也属于大妄语。

上人法妄语：没有证得地道说证得地道，没有神通说有神通，没有功德说有功德，皆为上人法妄语。故此，米拉日巴尊者说："法者若弃路石，诈者供若本尊，盗者畅若黄金。"诚然，当今是骗子比圣贤更得势，外表华丽比内在功德更受尊崇，不守戒律比严守戒律更获信任，打卦算命比讲修佛法更为畅行，敲锣打鼓比艰苦修行更受重视，锦络玉衣的假上师比衣衫褴褛的瑜伽师更受尊敬，不懂佛法高高在上的盛名活佛比贤正善良传授佛法的谦虚喇嘛更受崇敬。总之，是非颠倒了，黑白不清了，人们喜欢那些所谓的"喇嘛"、"活佛"、"大成就者"，他们说是见到神了、伏了魔啊，什么东西有用、什么东西中邪等等，用谎言欺骗群众，这是一个极大的错误，我们应该相信那些谦虚而自己熟悉的佛教徒，作为今生和来世的指路人。

离间语。离间语分二：公开离间语，暗中离间语。

公开离间语：一些有权势的人，在两个关系和睦的人面前以语言使他们分开。说:这个人暗中说你如此如此下劣,当面也如此如此迫害你,今天你们俩好像不是那样的。类似这种当面挑拨离间的语言称为公开离间语。

暗中离间语:在两个情投意合的人之间,背着一人与另一人说:你虽然很关心他,但是他对你却是如何如何。以离间语使他们分开,这种背后离间的话语称为暗中离间语。其中罪业最严重的是离间国与国之间的关系以致发生战争,破坏僧团和合,尤其是在金刚上师与弟子之间进行挑拨,或在金刚道友之间制造不和,罪业更为严重。

恶语。恶语分三:直接恶语,间接恶语,绕话恶语。

直接恶语就是对那些有生理缺陷的人,直呼缺陷,如当面称失明、失聪人士为"瞎子"、"聋子"等。间接恶语就是在嬉戏玩耍时说伤害对方的话,如用恶劣的比喻来形容某人的体形、言语、行动等。绕话恶语虽然不是直接用恶语,但是以温和言语造成对方心情不愉快。此外在圣贤、善知识、高僧大德和父母面前说不悦耳的言语,也有极大的罪过。同样,对动植物、器具等各种有形或无形的东西说恶语也是有罪的。《百业经》云:即使对烧焦了的木棍也不能说恶语,更何况其它了。

绮语。绮语分三:反动绮语,世间绮语,真言绮语。

作为已经皈依的佛教徒来说,护持或念诵本质上是邪教而却认为是正法的法本就是反动绮语。战争故事、偷盗之语、娼妓淫语、淫荡之歌、无聊吹牛等都是世间绮语。中断念诵佛经、持诵真言就是断了善业,其罪孽也是很大的。对不尊重佛教的人是不能讲法的,对不具修心的人是不能讲空性智慧的,对没有根器的人是不能讲密宗的,如果违背这些原则,就是真言绮语。在我们仔细观察和思考这些绮语时就会发现,这些绮语能够炙热三毒之心,损害自他相续,尤其是在别人诵经礼佛时,说一些令他们心思散乱的无聊话语,将断送别人行善法积资粮的宝贵时间,因此罪业也是很大的。在念经礼佛时掺杂绮语就没有了念诵的功德。在诵经礼佛的僧众中说绮语,将会折失全体僧众的功德,浪费施主的资财。在禁言修行时说绮语就达不到修行的目的。

佛祖言,除了戒律非常清净、智慧很高、具足功德、远离过患的人以外,其它人没有资格享用信财。但是,现在有些人穿了袈裟就觉得自己成佛了,学了一两套密宗仪轨,会念诵一两段佛经就开始如同秃鹫食肉般随意享用黑财(信财)了。通过密宗仪轨方式享用信财,如果是未获得至深灌顶,不具足别解脱戒、菩萨戒和密宗戒律的誓言,尚未精通生起次第和圆满次第,没有圆满念修的人,如同街上的吆喝,随便念诵密宗真言,这样所造的罪孽就更大了。如颂云:“黑财如同夺命刀,过分享用断解脱。”仅仅认识词句尚不能很好地诵读,更何况说具足生圆次第。尤其是仪轨中最重要的是念咒,如果念咒时打开了绮语的闸门,即是以言说各种令生贪心、瞋心的无关语度日,将毁坏自他相续。因此,上师和僧人们平时应该断除绮语,以禁言而精进念诵非常重要。

3.意恶业

意恶业分三:贪心,害心,邪见。

贪心。贪心分三:自贪,他贪,别贪。

迷恋自己的种族、体貌、功德、本事、财产、眷属而产生的傲慢之心就是自贪。对于他人的财物,心想:如果这财物是我的该多好;并且反复盘算,我如何才能得到,如何才能据为己有呢?如此这般,凡是对他人的财物生起欲求之心都是他贪。对于天空中的星辰,大地上的动、植物,地下的矿物等产生贪心,反复计量如何拥有,如此思量也是一种贪心的形式,我们就称之为别贪吧!尤其是对神圣的佛像等宗教圣物产生贪心将有极大的罪孽。

害心。害心分三:从愤怒中产生的害心,从嫉妒中产生的害心,从怀恨中产生的害心。

如战争、暴力和恐怖活动都是从愤怒中产生的害心。怕别人强过自己,怕丢失自己的乌纱帽,怕别人获得更多的尊敬、更高的声誉、更多的财富,而从嫉妒中产生害心。对他人拥有的财富,心里不高兴,并且想:如果某某人不安乐、不幸福、没有这样的功德该多好啊!某人曾如此这般伤害过我,怀着仇恨之心,不择手段地报复,就是从怀恨中产生的害心。总之,凡是对他人生起损恼之心都是害心。

邪见。邪见分三:不信因果规律,不信佛法,不信三宝。

不相信因果规律,认为修善法没有功德,造恶业也没有罪过,称为无因果之见。不相信佛法,不相信通过佛教的修行能够觉悟成佛,不相信有来世,也不相信有地狱,称为不信佛法。不相信三宝,谁见过佛?在哪里?认为这些不过是骗人的把戏,称为不信三宝。

总的来说，在古印度有三百六十种外道邪见和六十二种害见。若归纳这些邪见可概括为常见和断见两种。常见即认为创造世界的是大自在天、遍入天、耶稣、安拉等神灵，这些神是永恒存在的。没有生死轮回，没有因果报应，没有解脱和成佛。如《黑自在书》云："犹如日出水下流，豆圆荆棘长而利，孔雀翎艳诸苦乐，谁亦未造自性生。"也就是说，他们认为太阳从东方升起，这不是谁带领来的；河水向低处流淌，这也不是谁引下去的；所有的豌豆都是圆的，这也不是谁抟成的；一切荆棘又长又尖、非常锋利，这也不是谁削尖的；孔雀的羽毛五彩斑斓、绚丽多彩，这也不是谁绘制的，而是因为它们的本性就是如此。同样，世间的各种苦乐、善恶虽然显现，但是因本性即是那样，因此，他们认为往昔的业力、前世后世等并不存在。我们如果认同他们的观点是真实的，并且随之而行，或者虽未随行，但认为佛的经教、上师的教言、智者的观点等都不是真实的，这样产生怀疑或者进行诽谤，也都是邪见。

十种不善业中，杀生和邪见这两种罪业最大，如云："杀生之上无他罪，十不善中邪见重。"除了地狱众生以外，没有谁不畏惧死亡，也没有比自己的生命更值得珍爱的了，因此杀生罪业特别大。如颂云："没有不惧武器的，没有不爱生命的，观自身的宝贵，不要伤害他者。"如此，杀生的罪孽是非常大的。杀害一个众生需要偿还五百次生命。此外《念住经》中说："杀害一个众生需要在地狱中住一个中劫。"现在有些上师以善法为借口杀害无数的牛羊，这样的施主和福田就是外道的行为。不杀生是佛教的根本戒律。即使在相续中生起一刹那的邪见，也将失毁一切戒律，不能列入佛教徒的群体中，也不能算是闲暇的人身。相续已被邪见染污，从此以后，即使是行善也不能趣入解脱圣道，造罪也没有忏悔的对境。故此，《一意法》中云："注重清除意之三毒。"

以上为十不善业，每一种不善业各有四种果报：异熟果，等流果，增上果，士用果。

1.异熟果

龙树菩萨云："贪瞋痴三毒，由此生恶业，由此转恶趣，由此觉苦厄。"无论是十不善业中的哪一种，如果是因瞋心而造则堕入地狱，如果是因贪心而造则转生饿鬼，如果是因痴心而造则转为傍生。如果生于那些恶趣中，需要感受各自的痛苦。如果贪、瞋、痴极其粗重，并且长期积累恶业，那么重者堕入地狱、中者转生饿鬼、轻者转为傍生。

2.等流果

由于异熟果的感召，从恶趣中解脱获得人身时所感受的痛苦名为等流果。但是，在恶趣中也有许多与各自的业因相同的各种痛苦。等流果分为同性等流果、感受等流果两种。

同性等流。与前世所造业相同，今世喜欢造前世所造之业。如果前世是以杀业为生的人现世也喜欢杀生；如果前世是以不予取为业的人现世也喜欢偷盗；如果前世喜欢享受的人今世也喜欢邪淫等。故此，有些人在童年时总是见到虫蝇等便杀害它们，喜欢杀生的这些人是前世造杀生恶业的等流果。同样，由于各自前世造业不同，从童年时起，有些人喜欢杀生，有些人喜欢偷盗，有些人不喜欢这些恶业而喜欢善业，都是前世所造善业和恶业的习性延续所致。如经云："过去生何处，当视今此身，未来生何处，当视今此身。"不但人是这样，连动物也是如此，如鹞鹰或恶狼等喜欢杀生，老鼠喜欢偷盗，毛驴喜欢交配，有的动物则与此相反，这些都是各自前世所造恶业的等流果。

感受等流果。杀生感受等流果：每一种不善业都有两种感受等流果，即前世杀生果报为今生短命多病。如有些婴儿一出生便立即死亡，这是以前杀生的等流果，所以这些人大多数都是于许多世中一出生便死亡。还有些人从孩提时代起便遭受多种不同疾病的折磨，一直到年迈死亡之间，几乎没有不患病的时候，这些也是往杀生或殴打别人的恶业所成熟的果报。前世行窃，今世无财，仅有的财产也被人抢去盗走，又遭贫穷，故此艰辛聚财，不如积累福报。如果自己没有以往昔布施之果而获得财物受用的福分，那么今生无论如何精勤也没有利益。比如我们经常看到大多数掠夺者、偷盗者，最后却因被杀或饥饿而死，还可以看到商人或享用信财的人等，无论获得多少财物也没有利益。有的人为了发财便以谄诳手段经商，或者精勤偷盗等不予取者，即是所欲所行背道而驰，将导致数劫中无法从饿鬼之处得到解脱，今生也是一样，最后以业力感召将变得越来越贫穷，越来越恶劣；或者虽然拥有少许财产，却无权享用；或者由于自己吝啬之因而导致越富裕却越觉得贫穷，等没有财物一样；或者其财产成了恶业的因等。有些虽然拥有财产却不享用，如同守护宝藏的饿鬼一样。因此，表面上显现为富翁形象的那些人,他们的财产如未能用于为今生与来世幸福之因的正法和安闲生活的衣食上,则他们比穷人更可怜!

邪淫的感受等流果:丈夫或妻子相貌丑陋,或懈怠懒惰,彼此之间犹如仇人相遇一样。现在社会,大多数的夫妻之间经常发生矛盾,互相怨恨,恶语争吵甚至殴打。丈夫或妻子认为对方性格恶劣,其实这些也是因他们各自往昔邪淫的等流果所导致的。因此夫妻之间彼此不要生起瞋恨心,应当认识到这是自己往昔所造恶业成熟的果报,应当生起忍耐之心。

妄语的感受等流果:经常遭到别人的诽谤,或者被他人欺骗。所以,如果现在没有过失却遭到诬陷、诽谤等,即是自己往昔说妄语的果报。

离间语的感受等流果:眷属、仆人之间彼此不和睦,或者仆人对主人进行反驳等。例如,有些上师的弟子、官员的随从、家里的雇佣等大多数人彼此之间不和,主人如何劝说也不听从,反而进行辩驳。这些也是主人往昔所造离间语的恶业成熟的果报。

恶语的感受等流果:经常听到不悦耳的话语,甚至连自己所说的话也成了争吵之因。总之,恶语是十不善业中罪业最重的,如世间也有这样的谚语:"话无箭尖与利刃,亦能刺入人心间。"如此说粗语使对方刹那生起瞋恨心,尤其是对神圣的上师和三宝等,仅说一句恶语,也将导致许多世中不能从恶趣中解脱。譬如从前,婆罗门迦毗罗称呼迦叶佛的比丘们为"马头"、"牛头"等,说了许多这样的恶语,他死后转生为一头生有十八个头的鲸,一劫中未得解脱,此果报穷尽后又堕入地狱。此外,一比丘尼称呼其它比丘尼为"母狗",以此恶业五百世转生为母狗等,有许多类似的公案,所以应当说话温和。尤其是因为我们根本不知道圣者补特伽罗或菩萨存在于何处, 所以应当对所有的人观清净心,宣说称赞他人的功德,如果对一菩萨进行诽谤,恶语中伤,比杀害三界所有众生的罪过还重。

绮语的感受等流果:自己的言语没有威力,并且口才拙劣,虽说实话,可别人也不认为是真实的,在众人中发言也是气势薄弱,没有辩才。

贪心的感受等流果:许多事情却不能称心如意,反而经常遇到不悦意的事情发生。

害心的感受等流果:经常遭受恐怖畏惧或损害,别人经常伤害自己的身体、财产。

邪见的感受等流果：经常处于重男轻女等恶见之中，各种欺诳扰乱自心，想作善业也没有智慧，忘心也很大。

3.增上果

此果报成熟在外境上。造杀生恶业者，转生于环境恶劣，或者深谷、险地、沙漠、干旱等危及生命的地方。造不予取恶业者，转生于庄稼遭受干旱冰雹、树木不结果实、经常发生饥荒的地方。造邪淫恶业者，转生于粪坑、淤泥等不悦意之处。造妄语恶业者，转生于财富不稳固，并且经常遇到恐怖、畏惧的外境违缘。造离间语恶业者，转生于悬崖、深谷等难以行走的地方。造恶语恶业者，转生于乱石堆积、荆棘丛生等不悦意的地方。造绮语恶业者，转生于庄稼不生果、季节颠倒并气候反常的地方。以贪心恶业将转生于庄稼荒芜，并且经常出现环境恶劣、痛苦丛生之处。以害心恶业将转生于经常有恐怖和众多损恼的地方。以邪见恶业转生于缺乏财富、没有保护者、没有亲友无、依无靠的地方。

4.士用果

所谓的士用果就是你所造任何恶业都将与日俱增，世世代代延续无边的痛苦，恶业越来越向上增长，将漂泊在无边的轮回之中。经云："苦海无边！"这些恶果将会在下一世或再下一世或更多的下世中得到报应。如果遇到神圣的对境，报应将会于今世成熟。如杀人者偿命，捅刀者被捅，骂人者被骂，犯罪者进监狱等，在现实生活中受到报应的人是不计其数的，如有一些人活吃猴脑、活吃螃蟹、活吃小虫等极其残暴的陋习，都会得到现世的报应。据说，有个人火烧甲鱼时，甲鱼的头露出器具而被活活烧死，不久那人家里便失火，他的头从窗栏中探出，身体却因被困火场烧焦而亡。有人活刮海龟，第二天在他的脸上和手上显现清晰的龟图等等，在现实生活中有无数个鲜活的例子可以说明因果报应。

（二）应行之善业

龙树菩萨云："没有不能清除的无明，清除了无明就是善业，善业是安乐的源泉，安乐是一切上趣啊！"故应当行持十种善业。总之，我们了知十不善业的过患后，应发誓愿受持不造这些恶业的清净律仪，则称为十善业，即是不杀生、断不予取等共为十种。受持十善戒不用在上师或堪布面前立誓,一般自己遵守就可以了。《一意法》云:"众生谁犯就谁有罪,谁遵守就谁有功德。"如果在上师、善知识、三宝所依等面前承诺发誓受持十善戒,则功德特别大。若在家人等不能永远断除杀生的恶业,也可以立誓在一年中的一月(神变月)或四月(萨迦月)不杀生,或者在一个月中的十五日和三十日不杀生。此外立誓一年、一个月或一日等期间内不杀生也能得到很大的功德。从前,迦旃延尊者[①]所在的城市有一屠夫晚上受持不杀生戒,白天杀生,死后他堕入孤独地狱中,白天在炽燃的铁屋内感受痛苦,晚上于无量宫殿中由四天女围绕承侍,享受安乐。

因此,所谓的十善业,是指断除十不善业并且修持对治恶业的善法。因此,断除杀生,爱护生命;断除不予取,行持布施;断除邪淫,护持戒律;断除妄语,说谛实语;断除离间语,化解怨恨;断除恶语,说悦耳语;断除绮语,精进念诵;断除贪心,当持舍心;断除害心,修饶益心;断除邪见,当依正见,此为十善业也。

如此行十善业的异熟果是转生于相应的三善趣中。同性等流果是生生世世喜欢行善,并且增长善根。感受等流果是断除杀生,长寿少病;断除不予取,具足受用,没有盗敌;断除邪淫,夫妻美满怨敌少;断除妄语,众人称赞且仁慈;断除离间语,眷属仆人皆敬爱;断除恶语,恒常听闻悦耳语;断除绮语,语言有威力;断除贪心,如愿以偿;断除害心,远离损恼;断除邪见,相续生起善妙之见。增上果是成熟于外境,与前面十不善业的果报相反,将具足一切圆满的功德。士用果是所作的任何善业都显著增长,福德接连不断出现。

不动的业果。这里所谓"不动"是相对于我们飘浮不定的平常之心,是一个比较专注的禅定状态。而所谓"不动的业果",就是依靠修持等至禅定而获得出禅天,也就是说,在自己的身体和心灵比较和谐的状态下获得一种初级禅定,包括等至禅定的八种预备阶段、八种正式禅定及特殊禅定。这些禅定造成不动的业。以上业的结果是往生为色界十七处之神和无色界四处之神。

这些因和果对照而言,总体上讲是十善法行为是产生这些业的基础。这里有所谓的引业和满业两种,引业指禅定开始之处;满业指禅定结束之处。引业为无碍地修持初静虑将禅未至定禅道,其满业是修持第一静虑五支,即分别、伺察、喜乐、安乐和专注一境的禅而生在梵众天,修持第一静虑特殊正禅而生在大梵天;引业为无碍地修持第二静虑将禅,其满业是修持第二静虑正禅,抛弃了分别和伺察,修喜乐、安乐和专注一境的禅而生在少光天第二禅天神,如此应知晓引业和满业的作用;满业为第三静虑正禅,抛弃喜乐,修持安乐禅而生于少净天等地三禅天神;满业为第四静虑正禅,抛弃分别、伺察,修喜乐和安乐,修持禅定而生在无云天等第四禅天神; 第四禅真实而生在空无边处,修此,生在空无边处禅天神;与此还寂静处生为识无边处,修此,生在识无边处禅天神;与此还寂静处生为无所有处,修此,生在无所有处禅天神;与此还寂静处生为非想非非想处,修此,生在非想非非想处禅天神。所谓"与此还寂静处生为"是指不管什么道,下一个道意倦而失去贪欲的意思。这些禅修层次真实见到后取此名否? 非也。开始心一境性时在思想上产生如同无边无尽的虚空般,故此取名,而后就不作意了。后面为唯无想,但取名也。此八正式皆为善心。《宝幔》云:"禅无尽五色,梵等体验安乐故。"这些不产生差错是修禅人的重要事情,《一意法》云:"无罪禅定三界轮回因。"如是说。

(三)一切业之自性

自有顶以下至无间地狱底层以上,所有六道众生都要感受各自不可思议的各种痛苦和安乐。这一切痛苦和安乐的产生并非如有些外道所说的是某个神所决定的,也不是事物本质就是这样的。那么这些痛苦和安乐是如何产生的呢?是众生各自往昔所积累的善业和恶业所产生的。如《百业经》云:"众生诸苦乐,佛说由业生,诸业亦种种,造各种众生,漂泊于轮回,业网乃极大。"《悲心莲花经》云:"世界由业造,由业化身,一切众生由业造,源自业因,由业分类。"《俱舍论》云:"种种世界由种种业所造。"这些都是由一切具有烦恼的事物的业所产生的结果。

"业"在字面上虽与上帝等造物主有相似之处,但所谓的造物主是一种永恒不变的创造者,是一种不变的"业",而佛经所阐述的业是指

---

① 迦旃延尊者,释迦摩尼十大弟子之一,原出家学外道,后作释迦弟子,小乘上部座之首传人,谓其能分别诸经,善说法相,故称"议论第一"。

任何事物所发生的原因。佛云："法皆由因生，此因如来说。"如此，佛掌握了各种事物所产生的不同原因，指出哪些是我们应该做的善事，哪些是应该抛弃的恶事，因此佛陀不是造物主，他只是掌握了善有善报、恶有恶报的规律而为法取"善"、"恶"之名，为后人指出了修行的道路而已。

《一意法》云："佛为众生说法规。"觉巴大师曾言："由因之果，佛也不能。"揭示了佛陀也不能改变因果规律，各自开花结果的道理。如果佛陀能够改变因果规律，那么所有众生早就觉悟成佛了。正因为无法改变因果规律，所以众生各自所造的业只有各自感受，不可能发生因果错乱或因果不遇的情况。《百业经》云："众比丘，自己所造之诸业，不可能成熟于地界、水界、火界及风界，而善恶之业成熟于有灵魂的躯体、意识及心灵。"当我们死亡时，不能带走自己生前所积累的财富，只有所造善恶之业与自己形影不离，也跟着业的力量步入善恶之道。《劝国王经》云："时终国王逝世，不随受用亲戚，无论漂泊何处，业若形影不离。"自己所造之业永远没有不会成熟的果报。《百业经》云："所造之业，百劫不漏，因缘聚合，当即成熟。"有些因不一定马上得果，但是迟早将会成熟，正所谓善有善报，恶有恶报，不是不报，时候不到啊！《佛本生传》、《贤惠论》、《百业经》等主要论述这些道理。

业或因之果报，永远没有未造而遇或造而不遇的情况发生，而是各自之因而各自感受苦乐。《大乘阿毗达磨论》云："如何分业而行，自己所感受的果报，善业与恶业各自成熟而感受。"《小正法念处经》云："善得乐，恶得苦。"如此，善业和恶业分别产生乐与苦，这是事物的根本规律和缘起不变的道理，既不是另有安排，也不是全知的如来所创造，更不是高智商的人类或上帝所创造的，而是众生自我本性无明之因所产生的结果。

《大乘阿毗达磨论》云："业，即心业、身业和语业也。"《俱舍论》认为业是思想及其行动。《中观论》指出的"仙人所指业为作思和意乐"，所谓作思就是心业，而意乐就是身业和语业。由于无明而迷乱，在三界中轮回，尝尽了各种痛苦，故应为善而努力。当佛陀了悟了众生轮回的因果和解脱涅槃的因果后，指出了阻挡恶因的办法，即弃恶从善之道。外在的大千世界，内在的情器世界，地水风火空，山川湖河，草木森林，一切事物都由因而得果,因果是缘起的根本规律。正如《一意法》载:“善恶各自得果。”《贤愚经》云:“虽诸微小罪,莫想无害轻;火星虽微小,能焚如山草。虽诸微小善,莫想无利益;水滴虽微小,能满大器具。”如此应当行善啊!世尊成佛后,脚上还刺入降香木刺,以及受人诽谤、食马料等,这都是业的残余成熟的果报。龙树菩萨的首级被人砍断也是业的残余,更何况我们呢!

有人认为,修佛者多事,不修法的人安乐,从而对因果产生邪见,这是一种偏见。不信佛法的人过着幸福圆满的生活不仅是今生努力的原因,也是前世积累福报的结果。修佛的人遭遇很多不幸,不是佛法本身的错误,而是前世恶业积累,现世成熟的表现而已。应当思考自无始以来至今,我们从事了多少不善之行动,积累了多少恶业,而善恶之轻重取决于动机纯良和发心大小。

很多人在讨论因果的四种情况,即心善而行善,心恶而行恶,心善而行恶,心恶而行善。行善而得恶报,行恶而得善报,善的动机产生不善之行动,恶的动机产生善的行为,这是一种不好的说法。在现实中确有这样的现象,但是因果规律是不偏离的。善恶因果各自显现,不可能善生痛苦,恶生欢乐,种瓜得豆,种豆得瓜。经云:思想和行动均善为善业,思想和行动均恶为恶业,思想和行动为善恶交叉而得善恶交叉之业。仔细分析,可以分出瓜和豆的区别。故此,《大宝积经善顺菩萨会第二十七》云:“热性种子,结热性果;甜性种子,结甜性果;就像此比喻,罪恶成熟若热性,善行成熟若甜性;智者懂得此道理,身体语言和行为,不做三种罪恶业,如若别人行罪恶,不被欢喜和追随;身体语言和行为,经常行为三善业,如若随人行善业,欢喜追随其善业。”请不要相信罪恶的行为会开出纯善的花朵。

也有虽遭了黑业,但结出白业的情况。如从前我佛释迦牟尼佛曾经转生为大悲商主时,和五百商人一起去大海取宝的途中,一个名为短矛黑人的凶残强盗企图杀害五百商人。大悲商主想:这五百商人全部是不退转菩萨,如果这个人杀害了他们,他将会在地狱中住无量劫感受痛苦,实在可怜,若我杀了这个人,他就不会堕入地狱,我自己堕入地狱也是没办法的。这样想了之后,大悲商主以非凡的勇气杀了那个强盗,以此业大悲商主不但未堕入恶趣中,而且圆满了七万劫的资粮。从表面上看，大悲商主是造了恶业，因为他是菩萨，却亲自杀了一个人，但实际上是造了善业，因为他没有牵涉私欲，不仅保护了五百商人的生命，而且把短矛黑人从地狱的痛苦中解救出来，所以是极大的善业。正所谓，我不入地狱，谁入地狱。

这种以威猛之身调伏邪恶，需要很高的见解和觉悟，需要有起死回生、超度灵魂之能力，非我等凡夫俗子所能，恶也还是得出恶结果来。觉巴大师曾言：我曾为持金刚时降伏了魔众，由于此业成熟，我的这个道场(即指直贡替寺)将会遭遇一场劫难。大悲商主虽以极大的悲心杀害了短矛黑人，圆满了七万劫的资粮，但是由于遭此恶业的报应，世尊成佛后，脚上被刺入降香木刺，这是世尊亲自说过的。有些允许造恶业的情况，也是指在证得七地菩萨的范围，能够承受恶报之苦，非我等凡夫俗子之能。《一意法》云："行方便未有不善之举。"在菩萨无上妙行中不可能有不善的行为，如果有不善的行为，也要遭受相应的果报。

现在有些喇嘛、活佛和僧人没有一点儿慈悲之心，口称自己为密宗行者，却放纵自己的身体、言语和思想，尽情享受血肉，纵情饮酒，借用佛法欺骗百姓，信众还奉其为神明而供奉。有的欺诈群众称已将酒变为甘露而纵酒，众人皆醉，我们纵观古今佛教典籍，没有一部记载饮甘露而醉之理。可怜可悲那些行为放荡，不穿符合显宗的袈裟，也不穿符合密宗的衣服，而身穿各种俗装，做各种不善行为的所谓的"善知识"。

十种不善行为在佛教三大戒律中都是不允许的，包括密宗戒律中也是不允许的。《一意法》云："三戒的根本为弃十不善。"《般若波罗蜜多经》说，不善行为将会断送往生善趣之道，更不用说声闻和独觉。

我们学佛的人应该学习佛陀的精神，身穿袈裟，口诵佛号，心怀菩萨之心，不作任何微小的罪恶，不放过任何微小的善行，这就是佛陀的精神。如果我们的行为比俗人还差，还自称为佛教徒，那是自欺欺人的行为。《一意法》说，做不善的行为，十地菩萨也会堕入恶趣。更何况我们呢！

在没有彻底放弃物欲，没有获得心灵自在的时候，还是注重因果报应比较好。即使心已觉悟，不沾染任何恶习，但是在没有抛弃身体的时候，还是要感受业的力量。佛经里所讲的乌巴拉比丘尼的故事和古尔琼比丘的故事就是很好的例子。在回忆时,主要是回忆因果报应。

佛教徒是学佛的榜样,而因果是佛教的精髓。现在有很多学佛的人认为,因果是佛学的初级,别解脱戒是最严格的戒律,而密宗可以随心所欲,相信一些所谓的高境界的佛学,这是一种错误的认识。《一意法》云:"三戒层次越高越严格。"佛教是将人们的行为转变为善良之道,并不断增加其善良行为的准则。在佛教戒律里,别解脱戒主要是自律,菩萨戒将众生奉为父母,而密宗的戒律则更难了,将整个情器世界都视为清净坛城,将众生都视为佛。

阿底峡尊者也说:"我自己入了别解脱门后, 细微的过患也未染上;入了菩萨乘,对于菩提心的学处(菩萨戒),出现过一两次过失;入了密宗金刚乘,虽然犯过很多过患,但是全都立即忏悔了,从来没有不忏悔而让罪业过夜的。"因此,我们要善加观察自己的心灵的好恶,使自己的行为始终保持向善。

有人说,高境界的人不用计较因果,这是一种错误的观点,不是佛教的正确的观点。佛陀将一切法归为二真谛,而二真谛讲的就是因果规律。世俗和涅槃的善恶因果就是各自的结果。《一意法》云:"悟空即因果。"觉巴大师曾经说过,要考察在内心深处是否产生了正确无误的觉悟,就看他讲不讲究因果。这是佛教徒的标准。不讲因果的"觉悟"是魔鬼的"觉悟"。有人问荡巴桑杰:"若证悟了空性而造罪业,有害还是无害?"答言:"若证悟了空性便不会造罪业,因为证悟空性和生起大悲心是同时产生的。"所以,若想修持正法,应当以取舍因果为主,并且见解和行为不相脱离而修持。直贡噶举这个珍贵的传承也秉承了先辈上师的这个道理。

阿底峡尊者也说,唯一至深的法就是因果,亲见本尊,不如对因果道理产生坚信。仲敦巴大师曾说,请你胆子不要太大,因果是很细微的。博多哇曾说,现在我等奉行十善法,抛弃十不善法,那么,三恶趣找也找不到;而现在我等奉行十不善法,抛弃十善法,那么,三善趣和解脱找也找不到。要注意因果报应,空性的道理靠智慧也能掌握。夏热瓦曾说,不讲因果而高攀深奥的佛法,就等于在冰上建造房屋。米拉日巴大师也曾说,没有比因果法更为真实的佛法了。懂得因果不虚的道理就不会作恶。冈波巴大师说,有因必有果,请不要颠倒因果;思考恶趣的痛苦,请猛烈地对治。帕木竹巴大师曾说,空性就是因果,请从细微处讲究因果吧!觉巴大师说,掌握真实的内容,但不知因果的缘起,沉迷于知识的人们,请至尊的度母救救他们吧!

坚信了因果道理,癫狂行为成谎言,恶习流行的观点,有无可信之处呢?敬安·直贡林巴说,祖训为空性和因果,请狮子不要发出狐狸的叫声!空性因果狮子吼,吓破辩驳狐狸胆。温·索南扎巴说,二智无二智慧的父亲啊!您发出空性因果的狮子吼,如同万里无云的晴空,哪里容得下狐狸们乱叫。大成就者努努仁波切说,善恶因果无欺诈,谁都未造为规律,苦乐结果各自熟。贡确曲嘉法王说,请不要轻视显密教义和上师的教诲,要对治疑惑,取舍因果。大成就者贡确塔尔钦说,未想因果无欺诈,当行罪恶的勇者,恶报落到头上时,难断悔恨的泪水。法王贡确才旦说,因果得失,晓于生死间。如上,为历代噶举上师的至理名言,这个传承的实践也是大法印和戒律合一的奥义法门。请不要误交邪恶之友,聆听先贤的教诲吧!如颂云:“善人如药树,依彼胜一切;恶者如毒树,依彼毁一切。”

从今以后,心向佛法,对曾经作过的罪恶进行忏悔,发誓从今往后不再作恶,在任何时候都不要忘记见解和行为保持一致,按佛法戒律行事。那么,因果不虚之教义在相续中生起的标准是怎样的呢?应像米拉日巴尊者那样。弟子们问米拉日巴尊者:“尊者您的行为都已超越了凡夫众生的意境,那么上师仁波切最初是金刚持还是佛菩萨的化身呢?”米拉日巴尊者回答:“你们认为我是金刚持或某位佛菩萨的化身,说明你们对我的一种信心,但对于正法来说,再没有比这更严重的邪见了。因我最初依靠咒力降冰雹,造了那样严重的罪业,当时想,肯定只有堕入地狱了,因此集中精力、专心致志、精进修持正法,依靠密宗甚深的方便要诀,在相续中生起了殊胜的功德。你们对因果生不起诚信而导致对正法不能如此精进。如果你们能从内心对因果生起诚信,像我那样的精进所有的凡夫也都能做到,那么你们的相续中也会生起同样的功德,那时也可以称为是金刚持或佛菩萨的化身了。”如果今生作十不善或五无间罪,那么死亡时将马上堕入地狱,因为你不相信因果,不能艰苦修行。如果能够从深处相信因果规律,惧怕恶趣的痛苦,具有强烈的成佛之心,敬信上师,艰苦修禅,了悟真谛,这样除了我米拉日巴以外任何艰苦修禅之人都会有成就，请你们相信因果，学习先贤，记住暇瞒难得、寿命无常、因果不虚、轮回过患的道理吧！我对生活要求不高、坚定信心、身怀责任、克服苦难，在无人的深谷修禅获得成就，你们也跟随我而修行体悟吧！如上教诲，是佛教徒的标准，符合这个标准的将是真正的佛教徒，请相信因果规律，心向佛法吧！

因果道理视浅法，
见解偏颇行癫狂；
口是心非僧伽装，
了悟缘起祈加持！
因果不虚之引导终。

四、轮回过患

超越轮回得解脱，
悲心摄受轮回众；
了悟轮涅平等性，
顶礼噶举诸上师！

轮回过患之引导分二：总的思维轮回的痛苦，分别思维六道各自的痛苦。

（一）总的思维轮回的痛苦

首先如前所说，虽然我们已获得了难得的暇满人身，但是不可能长期住留，终将走向死亡。如果我们死后也如同熄火的灰烬或残破的壁画，或者身亡心也如天空般空无，那也就没有什么别的追求，只要今生享乐就可以了。但是当我们的生命终结的时候，我们的意识或神识并不会随着肉身的消亡而终结，而是随着以往所做的善恶而转生，有了转生就离不开轮回，离不开轮回的痛苦了。总的来说，所谓的轮回，如同陶师手中的轮盘、井中的水车、瓶中的蜜蜂一样，接连不断地旋转。佛经云：贪恋世俗无知故，众生投胎人和神，以及三种恶趣道，辗转如同陶轮盘。不管生在六道轮回中的哪一道，都会承受到自己前生所造的善恶之果。

很多人不相信有前世来世，就算你不相信，也不会失去其存在的理由。关于前世的事例在世界很多地方都能找到，比如说，美国有一个女孩能够回忆起自己前四十七世的事情，在印度和中国也有许多能够清晰回忆起前世的个案。印度德里有一个名叫香贝德白的三十岁女子，能够清晰地回忆起她的前世就出生在密特里的事情，经过调查得到了证实。在世界各国像她这样能够回忆起前世的个案已公布的就超过了七百多例，这些都是真实的事情啊！有的人死后，直接转生为牲畜。如四川宝光寺的和尚转生为水牛，上海大城地区的一个屠夫转生为一头猪，欧洲保加利亚有一个名叫索非亚贝许佩的女孩，出生不到两个月就能流利地讲八种语言等事例，给那些宣扬没有前世今生、没有因果报应的人以有力地回击，也为我们提供了参照前世今生的生动例子。在西藏也有许多能够回忆前世的小孩，这里就不一一举例了。

如此六道众生以有漏的善业和不善业为因，接连不断地投生流转。《一意法》说，轮回没有起点和终点。我们这些人无始以来漂泊于轮回之中，一切众生没有未曾互为父母、亲友、怨敌或平常人的，这个人的母亲又成为那个人的母亲。佛在经中说：如果把整个大地的土都抟成像枣核一样的丸子，其数量可以数尽，但是众生之间互为母亲的次数却不可胜数。龙树菩萨说："抟土成如枣核丸可数，然为母之边际不可尽。"从无始以来到现在没有不如此转生的，所以，想当时以贪心瞋心和无明的缘故造下无数个不善业，其间断过的头和残破的肢体不计其数。现在对此轮回没有生起刹那的出离心，反而为贪执束缚的人们，还将在无边轮回中感受比以前更多的痛苦。我们现在已经拥有脱离苦海的机会，就要好好珍惜，不放过任何微小的善业，努力去做；也不放过任何微小的恶业，坚决不做，这样就不辜负难得的人身了。虽然仅以随福德而得到的少许善果获得了如梵天和帝释般的长寿、相好、财富和圆满的身体，但是最终也摆脱不了死亡，死后也将感受恶趣的悲惨痛苦，那么我们这些人虽然现在暂时拥有财富、无病等少分的安乐，但是在几年、几个月甚至仅仅几天的时间内，当善趣的安乐果耗尽后，将会变得非常贫穷，极其可怜，或者不愿意也要感受恶趣难忍的痛苦。所以，此时此刻为了脱离轮回的大苦海、获得永久的圆满正等觉果位，应尽力精进以前行、正行、后行圆满而修行。

（二）分别思维六道各自的痛苦

1.地狱

地狱大分四，细分十八种：八热地狱，近边地狱，八寒地狱，孤独地狱。

八热地狱

八热地狱又分复活地狱、黑绳地狱、众合地狱、号叫地狱、大号叫地狱、烧热地狱、极热地狱、无间地狱。

从复活地狱逐渐向下到无间地狱之间，层层累累，像房屋一样。这些地狱以及周围所有的地方全是燃烧的钢铁之地，脚一触地便被烧焦，没有丝毫安乐，在火舌炽燃的界域只有炽热而已。

复活地狱：炽热的钢铁地上，炽红的余烬中间，地狱中无量的众生由于业力的感召犹如暴风雪般聚集在一起，也是由于瞋恨引业感受这样的同性等流果，所有的众生彼此之间如同见到仇敌一样，互相生起瞋恨心而争斗，手中拿着由业力幻化的兵器相互打杀，全部死亡后，从空中传来“愿你们复活吧”的声音，所有已经死亡的众生立即又复活，并如前面一样互相斗争，如此死了又复活，活了又死，轮翻交替，极其痛苦。其寿量为：人间五十年是四大天王的一天，如计算其三十天为一个月，十二个月为一年，四大天王所在的天界五百年是复活地狱的一天，这样计算复活地狱三十天为一个月，十二个月为一年，此地狱众生要感受复活地狱五百年的痛苦。

黑绳地狱：阎罗狱卒们把身体如柴烬般的地狱众生带到炽热的钢铁地上，在他们的身体上用黑线划分为四份、八份、十六份、三十二份等，然后用火红的铁锯锯割，锯开后又马上粘合复活，如此反复感受锯割的痛苦。其寿量为：人间一百年是三十三天界的一天，三十三天界的一千年是黑绳地狱的一天，此地狱的众生要感受黑绳地狱一千年的痛苦。

众合地狱：地狱的无量众生被关在如大盆地般的铁臼内，狱卒们挥舞着大如须弥山般的铁锤捶打他们，所有的众生哭喊着，在无法想像的痛苦和恐惧中死去，当铁锤举起时他们又重新复活，感受巨大的痛苦。此外，在山谷中间所有的动物变成他们以前杀害的鹿、黄羊、山羊等动物的头像，它们的角尖燃火，并且角抵角而相斗，两山相撞合并。地狱的无量众生由于业力所牵来到此山间，两山互相撞斗时这些众生全部死去，山分开时他们又复活，又如前一样聚合在山间，感受极大的痛苦。其寿量为：人间二百年是夜摩天的一天，夜摩天的二千年是众合地狱的一天。此地狱的众生要感受众合地狱二千年的痛苦。

号叫地狱:此地狱的众生在无门的炽热钢铁房屋内受着煎熬,并且想到无法从这里解脱的时候,猛烈大声惨叫。其寿量为:人间四百年是兜率天的一天,兜率天的四千年是号叫地狱的一天,此地狱的众生要感受号叫地狱四千年的痛苦。

大号叫地狱:阎罗狱卒们手持许多令人恐怖的兵器,将地狱的无量众生驱赶到双重铁门炽热的钢铁房屋内,然后用铁锤等捶打他们。这些众生想到内外两个门都是用铁水浇铸,即便能逃出内门也难逃出外门,所以大声悲惨喊叫。其寿量为:人间八百年是乐化天的一天,乐化天的八千年是大号叫地狱的一天。这样,此地狱的众生要感受大号叫地狱八千年的痛苦。

烧热地狱:在巨大的铁容器内充满了沸腾的铁水,地狱的无量众生在里面煎熬,痛苦难忍。他们每次浮到水面时,阎罗狱卒们便用铁钩钩住、用铁锤捶打他们的头。因为昏绝时已无痛苦的感觉,醒来后感受强烈的痛苦。其寿量为:人间一千六百年是他化自在天的一天,他化自在天的一万六千年是烧热地狱的一天,此地狱众生要感受烧热地狱一万六千年的痛苦。

极热地狱:燃火的钢铁房屋内,阎罗狱卒们用火红的三尖铁矛从地狱众生的两足心和肛门刺入,又从双肩和头顶径直穿出,并用燃烧的铁片在他们身上缠裹,极为痛苦。其寿量为:长达半个中劫,因此无法用人间的年数衡量。

无间地狱:由十六个近边地狱围绕的燃火钢铁房屋内,阎罗狱卒将地狱的无量众生放到堆积如山、如木炭般燃火的铁块中央,用豹皮和虎皮所制的皮火筒吹火,将此地狱众生的身体与火燃为一体,感受强烈的痛苦,只能听到他们大声嚎叫的声音而看不见他们的身体,他们不断生起想解脱的念头,却没有解脱的机会。有时火门稍稍打开一点,他们企图逃出,狱卒们却用铁弩、棍棒、铁锤等打击他们,并向他们口中灌注沸腾的铁水等,要感受前七种地狱的所有痛苦。其寿量长达一中劫,再也没有比这更强烈的痛苦了,所以称为无间地狱。此处所说的无间地狱就是密乘里所说的金刚地狱。《一意法》云:“金刚无间地狱等”。造五无间罪业(弑父、弑母、杀阿罗汉、破僧和合、恶心出佛身血)的众生或已入密乘对金刚阿阇黎产生邪见的人将转生到此地狱,以其它业力则不会转生于此。

近边地狱

近边地狱又分煻煨坑地狱，尸粪泥地狱，利刃原地狱，剑叶林地狱，铁柱山地狱。

无间地狱的四面，每面各有一个煻煨坑地狱、尸粪泥地狱、利刃原地狱及剑叶林地狱。东面四个，南面四个，西面四个，北面四个，共十六个。东南有一座铁柱山，同样西南、西北、东北各有一座铁柱山。

煻煨坑地狱：由于无间罪的业力减轻得以从无间地狱中解脱，见到远处有黑色的凉荫，高兴地前往，结果陷入剧烈燃烧的煻煨坑里，以致血肉焦烂，痛苦难忍。

尸粪泥地狱：从煻煨坑地狱中获得解脱，看到远处有一条河流，因为前一大劫毁灭前一直在火堆中煎熬，所以非常干渴，看见河流后欣然前去饮水。哪里有什么水？结果陷入散发浓烈臭气、糜漫许多小虫的人尸马尸犬尸等腐烂尸体的污泥内，最后头也没入其中，被许多具锋利铁喙的虫子所啄食，感受无量痛苦。

利刃原地狱：从前面的尸粪泥地狱中解脱之后，看到有一悦意的青青草原，欣然前往，结果遇到的却是一片由兵器所形成的利刃原，整个大地长满形如草一样锋利燃火的铁刺。右脚踏上右脚被戳穿，左脚踩下左脚被刺透，脚抬起时伤口即复原，再踩踏时又如前一样被穿透，痛苦难忍。

剑叶林地狱：从前面的利刃原地狱中刚刚解脱出来的众生，看到悦意的树林，兴奋地狂奔而去。哪里有什么悦意的树林？遇到的是剑叶林，铁树上生长着许多像树叶一样的利剑，随风飘动，将这些众生的身体切割成碎片，割碎后复活，复活后又割碎，如是反复感受被切割的痛苦。

铁柱山地狱：毁坏梵净行、破戒律的出家人或行邪淫的众生以及借密宗之名邪淫的人都会转生在此地狱。由于业力的牵引，来到恐怖的铁柱山前，听到山顶上有昔日喜爱的异性朋友在呼喊自己，便向山上攀登。此时身体被铁树上生长的、指向下方的树叶刺穿，爬上山顶时，乌鸦、鹰鹫等飞来啄食他们的眼睛。这时又听到山下传来呼喊他们的声音，如前一样又向山下奔去，所有的树叶又指向上方，从他们的前胸刺入穿透后背，到了山脚下被可怖的铁男、铁女拥抱，将他们的头吞入口中,在他们的生殖器内灌入炙热的铁流等,异常痛苦。

如此,认真观察了八热地狱、十六近边地狱和铁柱山地狱的痛苦,转生到那些地狱的主要原因即是瞋恨之心。《华严经心陀罗尼》说,杀生将众生引入地狱、畜牲和阎罗世界。《宝鬘经》说,瞋恨之心入地狱。地狱的可怖之情景在《正法念处经》有更多的记载。观想这些可怖的感受在自己身上体验,如此反复禅修可消除或减轻地狱之灾。

八寒地狱

总之此地狱中央和周围所有的地方都是雪山、冰川,在狂风暴雪弥漫之处。

此地狱的众生赤身裸体感受寒冻之苦,身上生了许多疱疮,所以称为具疱地狱;由于那些疱疮破裂,形成疮伤而称为疱裂地狱;由于寒冷难忍、紧咬牙关而称为紧牙地狱;由于不断悲惨地喊着阿啾啾而称为阿啾啾地狱;阿啾啾的声音也中断了,只能发出叹息的呼呼声,称为呼呼地狱;由于皮肤冻成青色,身体裂成四瓣,称为裂如青莲花地狱;皮下的肉冻成红色并冻裂成八瓣,称为裂如红莲花地狱;甚至冻成了黑红色,裂成十六瓣、三十二瓣或无数瓣,称为裂如大莲花地狱,在冻裂的伤口中爬入许多铁喙的虫咬噬并感受寒冻之苦。因为这八种痛苦各不相同,所以安立了八种名称,称为八寒地狱。八寒地狱的寿量为:二百藏升(此藏升为果萨拉城市所用的容量单位)的大盆里装满芝麻,具疱地狱的每一百年从中取一粒芝麻,这样,将所有的芝麻全部取完,具疱地狱众生的寿量方尽。其余地狱的依次比前面的增加二十倍。寿量越来越长,痛苦越来越剧烈,即:疱裂地狱的寿量是具疱地狱的二十倍,紧牙地狱的寿量是疱裂地狱的二十倍,依此类推。在相续中如前一样观修那些地狱的痛苦,并观想:如果在此人间,冬季时裸体在室外停留一刹那也无法忍受寒冷的痛苦,更何况生在八寒地狱里,又如何能忍受呢?所以应忏悔自相续的罪业,防非止恶,并对生在地狱中的有情生起大悲心,如前一样以前行、正行、后行圆满而修持。

孤独地狱

处所的环境不确定而痛苦也是不确定的。有的夹于山崖中,有的困于石头内,有的冻结在冰里,有的煮于沸水中,有的焚烧在火里。有的众生藏在树木内,伐木时,它们要感受肢体和分支被砍断等痛苦,还有些转生为日常使用的杵臼、笤帚、瓦罐、门、柱子、灶石、绳子等死法，也以意识感受彼等痛苦。这些孤独地狱的现象在世间也能见到，例如：大成就者卓滚朗吉日巴[①]向湖中看后悲泣着说："哎哟哟，不要享用信财！不要享用信财！"弟子问他："上师，什么事？""这湖里有一条由一位生前享用信财的上师的神识所转生的鱼正在感受孤独地狱的众多痛苦。"弟子请他示现给他们看。上师便以神变使此湖刹那干涸。这时现出一条大鱼，身体大到遍布整个湖，在它的身体上密密麻麻地布满了无数含生，蚀食着它，它痛苦难忍而不停地翻滚着。弟子问："承受此恶报者是谁的转世？"他回答："这是后藏达纳喇嘛的转世。后藏那个达纳喇嘛咒力非常大，对于被鬼魔损害的人只要看上一眼就会生效，所以成了前后藏四翼地区人们的供养处。超度亡人只是念一声'啪得'便收取许多牛马牲畜。他死后便转生为这条鱼。"

大成就者汤东杰布在一块大石头上修气脉瑜伽时，石头裂成两瓣，里面有一只大青蛙，身上粘附了无数小含生在蚀食它，只见它张着黑洞洞的口，痛苦难忍。弟子问："上师，这是怎么回事呢？"上师回答："这是一个作血肉供养的上师的转世。"

不久前，在修建拉萨卓那桥时，很多人都见到了在一块封闭的巨石里有一条半死不活的蛇。另外，在印度等地有些植物吸人血的现象都可以理解为孤独地狱的众生。

佛教最根本的教义就是不伤害任何生命。佛说，我的教义是由慈悲心打开的。违背了佛陀的教义，施主的福报也将成为地狱之垫。破坏僧众的团结，争夺信财将会敲开孤独地狱之门。

总之，所谓的地狱就是巨大痛苦的代名词。这里所说的地狱现象一般都可以在人世间见到的，有人说没有地狱，但是在佛教声闻经籍中都有详细的记载。

大乘佛教认为，所谓的地狱就是每个人的业的显现的一种现象。觉巴·吉天颂贡说，瞋恨之心的本质就是地狱。《入菩萨行论》说，谁造就了那些燃烧的铁的大地，是罪恶之心造就的。佛经说，那些熊熊燃烧的铁的大地，把身体锯成千百片的钢铁锯子，是从哪里来的？是那些身、语、意造成的恶业的心造就的。故此，迷乱之心的业未尽之前，不会消除外在的现象，都要感受各种痛苦。《正法念处经》云："心为敌和大敌,非心无大敌,如同钻木自焚,心就焚于自心。”同样的道理,佛经云:“锈从铁来,铁毁于锈,如此行邪者,由业趣恶道。”

如此,没有谁修建地狱燃烧的铁的大地,是各自业的现象而已。当我们升起瞋恨之心时,请观察自己脸上红彤彤的“燃烧的铁的大地”吧!最近,在非洲的扎伊尔有一名猎人由于瞋恨之心过强而逐渐变成人豹,就证明了《一意法》中所说的因果在刹那成为心的形象。对某一事物每个人都有各自不同的看法,更何况其它呢?请不要认为自己没有见过的东西或不认识的事物就不存在吧!

2.饿鬼

饿鬼又分隐住饿鬼和空游饿鬼两种。

隐住饿鬼

隐住饿鬼分三:外障饿鬼,内障饿鬼,特障饿鬼。

外障饿鬼:数百年中甚至连水的名字也未曾听闻过,因此,遭受极其饥饿与干渴的逼迫,经常为寻找饮食而四处游荡,结果一无所得。有时看到远处有清清的河流,便以僵直的肢体艰难地支撑着巨大的腹部,痛苦而疲惫地踉跄奔去,但到了近前,所有的水都已枯干,仅仅剩下河滩,痛苦不堪。有时从远处看到果实累累的绿树,满怀希望地奔去,但到了近前,绿树都已干枯成了用来烧火的树干。又看到许多丰美的饮食、受用,但到了近前,有许多手持兵器的人守护着,驱赶他们,用兵器殴打他们,痛苦难忍。夏季感觉月亮十分炎热、炙烤;冬季太阳却非常寒冷、清凉,倍感痛苦。从前,祝辛吉尊者来到饿鬼境内,中了饿鬼的吝啬之毒,他感到口干舌燥。在一大铁城门前,遇一可怖的黑面红眼的饿鬼,尊者问:“哪里有水?”结果聚来许多如烧焦的树干般的饿鬼,也说:“圆满的大尊者,请赐水给我们。”尊者说:“我也得不到水,正在寻找,你们是谁呀?”他们回答:“我们生在这山谷中已有十二年了,可是连水的名字也没有听过。”

内障饿鬼:口如针眼一样的饿鬼,去饮大海里的水,但水却无法进入他们细如一根马尾毛的咽喉里,而且口中的毒使水立即蒸发了。虽有少量水进入咽喉但无法满足他们那大如盆地的腹部,稍感饱满,到

① 卓滚朗吉日巴,竹巴噶举创始人。

了晚上要感受腹内燃火焚烧心肺等所有内脏的难忍痛苦。想走动之时,如灰白色茅草般的肢体难以支撑大如盆地的腹部,非常痛苦。

特障饿鬼:是一种极其吝啬的饿鬼,所得到的少许饮食一旦入口就成为炙热的铁流,燃烧喉咙,燃烧身体,感受难以忍受的痛苦,又称之为火轮。或在每个躯体庞大的饿鬼身上,居住着成群的小饿鬼啃食他们。此外,感受苦乐的数量多而不定。这些饿鬼的形状各异,有如神仙、人类、畜牲、树木、柱子以及城墙等等。从前,祝辛吉尊者来到饿鬼的境界时,见到一座无量宫殿里有一相貌端严,令人见而生喜的美女,以珍宝饰品装饰的宝座四脚上系缚着四个饿鬼。美女饿鬼向祝辛吉尊者供养食物,并告诉他:"如果这些饿鬼向您要食物,一点也不要给他们。"之后她就出去了。尊者受用食物时,这四个饿鬼前来索要。尊者给了一个饿鬼,结果食物变成了糠秕,又给另一个饿鬼,结果食物变成了铁水,再给其余两个饿鬼,结果食物一个变成了一个饿鬼自己的肉,又变成另一个饿鬼的脓血。这时,美女饿鬼回来了,说:"我不是说不要给他们吗?难道您的悲心胜过我吗?"尊者问:"他们与你有什么关系?"美女饿鬼逐一指着四个饿鬼说到:"这是我以前的丈夫, 这是我的儿子,这是我的儿媳,这是我的女仆!"尊者又问:"他们是以什么业力转生到这里来的?"她说:"南瞻部洲的人很难相信的,说了也不会信,还是不说为好。"尊者说:"我已现量见到了,怎么会不相信呢?"于是她开始讲述:"我的前世是一个城市的婆罗门女,在一个节日的夜晚准备了丰美的饮食。次日,嘎达亚那尊者在城中化缘。我对尊者生起信心并供养了他,满心欢喜地以为丈夫也一定会随喜,便告诉丈夫:'我供养了佛的弟子嘎达亚那大尊者,你应随喜。'丈夫听后恼羞成怒地说:'我没有供养婆罗门,甚至没有孝敬亲戚,你却首先供养那个光头,那个光头怎么不吃糠秕呢?'然后我又对儿子说,儿子也气愤地说:'那光头怎么不喝铁水呢?'当天晚上我的亲戚给我捎来丰美的食品,让儿媳带回,结果她自己偷吃了,将不好的食物给了我。我问她:'你是不是将好的食物自己吃了,却将不好的食物给了我?'她妄言回答:'我吃你的食物还不如吃自己的肉呢!'同样,我让女仆捎给亲戚的食物她在路上偷吃了。我问她时,她回答说:'我偷吃你的食物还不如喝脓血呢!'当时我发愿:愿我将来生在能看到他们感受各自业果的地方。如今我转生为大力饿鬼，否则以供养尊者的功德可以生到三十三天。您如果去我曾住过的城市，请转告我那做妓女的女儿说：我已见到了你的父母等，此业的果报是令人痛心的。告诉她断除非法的恶业，改过自新。如果她不信，再告诉她，她的父亲生前居住的房间里有四个装满黄金的铜锅，还有金盘及金瓶，取出这些物品时常供养嘎达亚那大尊者，然后念我们的名字作回向，这样可以减轻我们的业力，并能逐渐消尽。"

此外，哲达日阿阇黎出游时到了饿鬼界。一位有五百个孩子、相貌丑陋的饿鬼母对哲达日阿阇黎说："我的丈夫去印度金刚座觅食已十二载，至今未归，您若去印度金刚座，请转告他如果不快快回来，孩子们就要饿死了。"哲达日问："你的丈夫是什么样子啊？所有的饿鬼都一样，我能认出他吗？"她说："不会认错的，他是一个大嘴巴、塌鼻子、小眼睛，具足九种丑相的饿鬼。"哲达日去了金刚座。一个沙弥倒供过的水和许多食子时，聚集了许多饿鬼争食，其中就有饿鬼母丈夫。哲达日转告了他妻子的口信。那个饿鬼说："我流浪到这里虽然已十二年了，但只有一次一位清净的比丘丢弃鼻涕时，我们这么多饿鬼集聚争夺才获得一点点，除此以外什么也没有得到，而且在争抢鼻涕时，我被其它的饿鬼打得遍体鳞伤。"这些饿鬼经过数千年乃至上万年也不会死去，一直受着难以忍受的饥饿的折磨。

如此看来，无论生在饿鬼界的任何一处，都要遭受着以饥渴为主的各种痛苦。应诚心观修：现在我们这些人仅仅没有吃早饭，便会感受到痛苦，如果转生到许多年连水的名字也不曾听到的地方那将如何呢？转生到饿鬼界的主因是吝啬、悭吝，以及阻碍他人布施，《般若波罗蜜多经》云："吝啬之人生饿鬼，若得人身也穷困。"因为我们曾经也造过无数这样的恶业，所以现在应当尽己所能为不转生到恶趣诚心以圆满前行、正行、后行而修持。

空游饿鬼

空游饿鬼：米拉日巴大师曾说，所谓的空游饿鬼就是在空中游行，用意念饮食的饿鬼。《入菩萨行论》说，祈祷那些空游的饿鬼们都具有慈悲之心吧！空游饿鬼的世界就是阎罗世界。妖精、王鬼、死魔、厉鬼、鬼女、独角鬼以及我们称之为山神、财主和土地爷等的大多是这类饿鬼。这些饿鬼恒时处于恐惧、怖畏和迷乱的境界之中，经常生起恶念，唯有精勤于损害他人的恶业，他们死后多数立即堕入地狱等恶趣的深渊。无论他们生前是以病死、兵器所杀或悬梁自尽等何种方式而横死，每隔七天，他们都要感受一次以那种方式死亡的痛苦。它们想把这种痛苦转移给别人，所以无论到何处都是害人不利己。满心欢喜地来到昔日的亲朋好友面前，却令他们生病或发疯等感受不乐意的痛苦。具有修证的瑜伽士们做诅烧抛仪轨时，将这些饿鬼压伏在地下黑暗之处，长达数劫；或者做火供，将他们烧在火里；或者抛撒驱邪芥子或石子，将这些饿鬼的头裂成百瓣、身断成千截等，恒时不离痛苦。这些饿鬼还要感受冬季太阳寒冷、夏季月亮酷热等反自然现象的痛苦。有些饿鬼则以鸟、狗等令人讨厌的形象感受难以臆测的无量痛苦。另外，居住在山谷河川、树木丛林、巨石山坡等地的所谓神仙也多是这类饿鬼。这类饿鬼把这些地方当作是自己的居所，生怕别人迫害而痛苦万分。因此，我们应诚心诚意思维，代那些饿鬼承受痛苦，并对生在饿鬼界的众生发起慈悲心，经常为他们发放水朵玛或煨桑。

3.傍生

傍生分二：海居傍生，散居傍生。

海居傍生

生活在一望无际的大海中，鱼、鲸、螺、龟、虾等如酒糟般密集一处，其中庞大的动物如鲸鱼，小的动物则如微尘或针尖一般。大鱼吃小鱼，小鱼吃虾米的现象比比皆是。有的大型海洋动物身上有许多小的含生寄居蚀食。有的海洋动物生在没有阳光的海底深处，连自己屈伸肢体也无法看见。因为极为愚痴的缘故，不了知任何取舍之处，处于无边的痛苦之中。

散居傍生

是指在空中飞翔的各种鸟类和陆地上生活的各种动物。其中如秃鹫、雕等几千种飞翔的鸟类，狮子、老虎、豹子、熊等各种肉食动物，大象、犀牛、野牦牛、野驴等各种大型草食动物，鹿、岩羊、盘羊等各种小型草食动物以及数也数不清楚的种类繁多的昆虫，这些动物恒时处于恐怖、畏惧之中，即便吃一口食物也难得安稳。它们遭受互相啖食，或被猎人捕杀，或被猛兽吞食等众多危害。如鹞鹰吃鸟雀、鸟雀吃小虫等都表明它们恒时唯造互相残杀的恶业。又猎人们精通伤害残杀这些众生的技巧，如设陷阱、撒网罟、射火箭等，瞬间便可以使它们丧命。有些傍生因为自己身体上所长的角、毛、皮等而遭杀，如为了珍珠采海贝，为了牙骨杀大象，为了兽皮杀老虎、豹子、水獭以及狐狸等，为了麝香杀獐子，为了获取血肉杀野牛、野马等等。自己的身体成为自己遭杀的因，非常痛苦。

主人所养的傍生：因为愚痴呆笨，屠夫手持刀剑来到它们面前时，它们只是眼睁睁地看着，丝毫也不知道逃避。还要感受如挤奶、驮运、阉割、穿鼻、耕地等众多役使痛苦，马牛等背上虽已伤痕累累，仍然驮运货物，被人骑使。走不动时主人就用鞭子抽打，或用石头打击，根本没有想过它们也有疲劳和病痛的时候。许多牦牛、山羊、绵羊从小到老一直被主人使用，老的时候或被主人宰杀，或被卖给别人。

我们每天都可以看到很多鸡、鸭、鱼、猪被宰杀的情景，还有些人吃乳猪、吃猴脑，在动物园里给狮子等大型肉食动物喂活食等极其残忍的杀害生灵的手段。这些家养的动物几乎没有自然死亡的，感受无法想像的痛苦。看到遭受这样痛苦的众生时，应当详细思维，观想如果自己是这些动物，遭受这种痛苦，那将如何感受。应该对生于傍生处的众生生起悲心，自己若饲养傍生，应以慈悲之心爱护它们，甚至虫蝇等细微小含生无一不有苦乐的感受。虽然这些动物都有一点点自卫的本领，但是哪能比得过人类的残忍手段。《一意法》载，傍生因愚昧而低下，傍生比生在地狱和饿鬼界的生灵都可怜。地狱众生知道自己因何堕入地狱、从何堕入地狱、如何堕入地狱，故可通过忏悔而得以往生，饿鬼也有类似的智慧，但是，傍生则极其愚昧无知而无法得到解脱的机会。《正法念处经》说，众生生在地狱还算容易解脱，但生在傍生就不同了。

如此，三恶趣中无论生在哪里，都要感受剧烈而漫长的痛苦。愚昧无知，没有正法的光明，一切所为唯有成为恶趣之因。如果生到恶趣后难以解脱。我们自相续中今生或他世一定造了许多转生恶趣之业，应诚心忏悔以前所造的恶业，发誓今后不再造恶业，精进修持，对生在恶趣中的众生生起强烈的悲心，自己三世所积一切善果回向生在恶趣中的这些众生，愿它们能从恶趣中解脱。龙树菩萨言："极其炙热又寒冷，天天观想地狱众，饥渴交迫又消瘦，经常观想饿鬼众；极其愚昧痛苦多,看看傍生好思考。"若有人想:生在三恶趣都是痛苦的本性,那善趣是安乐幸福的吧?实际上善趣也没有安乐的。

4.人的痛苦

人的痛苦分二:三大根本痛苦,八支分痛苦。

三大根本痛苦

三大根本痛苦又分三:变苦,苦苦,行苦。

变苦:现在所拥有的片刻的安乐瞬间也将变成痛苦,例如,食用利益身体的饮食后腹内饱足,觉得很幸福时,没想到胃肠里生了寄生虫,突然患了严重的痢疾,痛苦不堪。现在充满快乐之时,如果被怨敌赶走了家畜,被大火烧毁了房屋,被汽车撞上,被水淹,被雷击中,被炸而伤,被敌所害或突然遭受病魔的折磨,以及听到别人的恶语中伤等,快乐瞬间会变成痛苦。

苦苦:前面的痛苦尚未断尽又遭受新的痛苦,如麻风病未痊愈又生毒痈,毒痈还未好又生疮,父亲死后接着母亲又亡,遭怨敌抢劫又死了亲人,瞎了眼睛又聋了耳朵,伤了胳膊又断腿,欠了钱又失财,自己生病亲人又得病。总之,苦上加苦,病上加病。无论生在轮回之何处,都是唯有以苦上加苦而度日,没有一刹那真正意义上的安乐。

行苦:行,就是使心造作活动的作用,它是轮回的根本。龙树菩萨说,轮回的根本为行蕴,故圣贤不为行蕴。现在我们这些自以为安乐的人们,好像没有亲身感受痛苦,但实际上也绝未超越痛苦之因,如吃饭、穿衣、住房、受用以及工厂、商场,装饰及宴会等,都成造罪业的因,所作所为也都不离造恶业的虚伪之行,这一切业果唯有感受痛苦而已。例如,仅仅就青稞制成糌粑的过程而言,最初开垦田地之时,地下所有的小虫被翻到地面上来,地上所有的小虫又被埋到地下去,耕牛走到哪里,乌鸦、鸟雀等都跟在后面不停地啄食着小虫。灌溉田地时,水里所有的含生因干涸而死,地上所有的含生却因溺水而死。到播种、收割与舂磨时,所杀的含生也不可胜数。如果想到这些,我们吃糌粑就如同在吃虫蝇的粉末一样。在夏季,一只羊身上的虱子及吸血虫等含生与它身上的羊毛数量一样多。当用剪刀剪羊毛时,这些含生大多数被割头断腰,内脏脱出而死;未死的与羊毛绞在一起,憋得喘不过气而死去。羊羔皮也是如此,羊羔刚刚出生,诸根圆满具足并有了苦乐的感受，身体在发育成长，刚刚感受到人间的快乐之时就被宰杀了，母羊在流着眼泪，这些我们是可以看到的。同样，酥油和牛奶等虽然称为三白三甜食品，算是无罪清净的食物吧，但事实上并非如此。大多数羊羔和牛犊被杀，未被杀的一生下来便吃不到一口甘甜的母乳。主人用绳子将其拴在桩子上，行走的时候把两只牛犊系在一起，连吃一口母奶的机会也给剥夺了。母亲身体的精华是孩子生命的源泉，主人从牛奶中提炼出精华酥油，牛奶被夺走后牛犊处于不死不活的地步。虽然是强壮的母牛，但因主人日日抽取其身体的精华，到了春季时，在卧处爬也爬不起来，精疲力尽，奄奄一息。大多数的牛犊、羊羔也因饥饿而死，未死的这些也是干瘪羸弱，行走艰难，四肢萎缩，濒临死亡。因此现在我们认为是幸福的所有事物，包括口中吃的、身上穿的一切财物、食品、受用，也都是唯以造罪业而形成的，这一切之果报最终将要感受无边的恶趣痛苦，所以现在一切表面上的快乐也是行苦的本性。

八支分痛苦

八支分痛苦：生苦，老苦，病苦，死苦（四大瀑流），怨憎会苦，爱别离苦，不欲会苦，求不得苦。

生苦：虽然众生出生有许多种类，但是我们人类是胎生的。当生命结束之后，其灵魂经过漫长而痛苦的中阴旅程，聚集各种因缘，趣入父母的交合中，怀入母体，此时若为男孩则恋母而仇父，若为女孩则恋父而仇母，恋仇与精卵交错，在母腹中一呆就是整整三十八周，逐渐形成凝膜、皮包、血肉、肉团和支节等肢体。在母腹中住胎时期，肢体和分支等诸根圆满具足的时候，感觉到母胎中非常狭窄、异常臭恶、漆黑一片，犹如关在监狱中一样痛苦。母亲食用热的饮食时，犹如在火中烧灼一样痛苦；母亲食用冷的饮食时，犹如浸在冷水中一样痛苦；母亲睡觉时如被山压着一样痛苦；母亲吃饱的时候，犹如夹在山崖中间一样痛苦；母亲饥饿的时候，犹如堕入深谷般痛苦；母亲行走时，犹如被风刮走般痛苦；母亲跑步等剧烈运动时，犹如从山上滚下来般痛苦；母亲做爱时，犹如被荆棘抽打身上般痛苦等。当到了怀胎三十七周时，将产生脏的意识，臭的意识、黑暗的意识、牢狱的意识等悲凉的痛苦。这样住胎月数圆满以后，出生时被三有的业风吹动，头足翻转颠倒。通过母亲产门时犹如被一个大力勇士拉着脚拽出来，摔打在墙壁上一样痛苦。

从整个盆腔中间出来时，犹如通过铁斧头上的铁孔一样痛苦。如果母亲产门狭窄不能生出，也许就此死在母腹中，或者母子二人相继死亡，即使没有死也已感受到接近死亡的痛苦。出生后被放到垫子上时，犹如落到荆棘丛中一样痛苦；剥脱背上的胎膜时，犹如活活剥皮般痛苦；擦拭身上的不净物时，犹如用荆棘的鞭子抽打一样痛苦；母亲抱在怀里的时候，犹如鹞鹰叼捉雏鸡一样痛苦；放在睡床上穿衣时，犹如沉溺于粪尿之中。

冈波巴大师曾说，如果把你关在厕所里，盖上盖子，住上三天，就是给你三两黄金，恐怕也没人愿意试验。但是在母胎中比这个还痛苦啊！经言：极其肮脏满恶臭，极其狭窄满黑暗，怀胎众生如地狱，全身卷缩大痛苦。在襁褓中，无论遇饥渴病痛等什么痛苦只能是啼哭而已。当发育成长到韶华之年时，表面看来青春美满，但实际上人的生命正一天一天不断缩短，一步一步走向死亡。今生世间的一切琐事没有了结圆满之时，犹如水面的波纹一样此起彼伏、不断涌现。这一切也都是与罪业相关联的，所以只能成为恶趣之因。

老苦：轮回之事没有实义，并且没有完结的时候，正在享受之中，不知不觉就已感受到衰老的痛苦。这时体力逐渐减弱，丰美食品不能消化；眼根减弱，看不到远处的景物或微小的物体；耳根减弱，无论说话声音如何，都听不清楚；舌根减弱，品尝不出饮食的味道，并且说话吞吞吐吐；意根减弱，记忆模糊、健忘，昏昏沉沉；口中牙齿脱落，不能咀嚼坚硬的食物，而且口齿不清；体温失调，衣服稍微有些单薄，便会觉得寒冷；支撑力下降，所以不能承受重衣；虽然渴望欲妙受用，却无力享用；身体的风脉衰退，所以承受力、忍耐力很脆弱；受到众人的欺辱，所以内心异常痛苦；因身体的四大紊乱，所以遭受许多疾病和折磨，所有行动都是无力艰难的。

如米拉日巴尊者说："拔出牧桩之起式，悄捉小鸟之走式，重物落地之坐式，倘若具足此三时，祖母身衰心意败；外皮集聚诸皱纹，内失血肉现凹凸，痴哑盲聋境迷乱，倘若具足此三时，祖母示现愤怒母；身著沉重褴褛衣，口食冰冷浑浊食，睡处四层皮垫褥，倘若具足此三时，人狗践踏似证士。"如此，站起的时候，不能立即起来，要用两手按在地上，就像从坚硬的大地上拔出牧桩一样；行走的时候，弯腰低头，双足不能迅速起落,缓慢而行,就像孩童悄悄地去捉小鸟一样;坐下的时候,由于手足所有的关节疼痛难忍,不能轻缓坐下,身体沉重落下时,如同重物坠落大地一样;身体的肉已耗尽了,所以皮膜聚集,身体和面部全都布满了皱纹,体内的血肉减少,所以骨节越来越明显,牙腮骨、关节头全都凸出在外,记忆力减退,所以变成了痴哑、盲聋,意识模糊,体力减弱,并且美丽的容颜已消失,所有的衣服沉重破旧,饮食也是残羹剩饭,舌的功能丧失,感觉所有的食物冰冷又浑浊;身体沉重,无论做任何事都极不方便,即便四周都有依靠物,也不能经常从床上起来。

那时候,外面的幻身衰老,里面的意识颓败,非常痛苦;容颜美貌消失后,皮肤出现了许多皱纹,示现为丑陋的愤怒母的形象;受到众人的欺辱,并且别人随意践踏,再也站不起来了,真好似没有净垢分别的证悟者一样,因无法忍受这种衰老的痛苦,所以内心希望尽快死去,但是实际上又非常害怕接近死亡。这种老苦,也等同于恶趣众生的痛苦。因此,当我们还年轻、精力充沛的时候,应尽早依持善知识,学习佛法,思考佛义,进行禅修,体悟真理,早入解脱之门啊!

病苦:此身体是四大元素聚合的本性,四大元素调和之时身体安康,但是由于三毒的因素引致四大不调,饮食和行为失常时,遭受风、胆、涎等各种疾病折磨,包括各种心理疾病、各种客观原因引起的疾病、各种自身免疫系统降低而产生的疾病、各种突如其来的急病、十五种小孩病魔、三百六十种心魔之病等,忍受这些疾病的基础就是自己的身体。身体和诸根旺盛之时,虽是精力充沛、容光焕发、神采奕奕的精明强干之人,但是一旦染上疾病,也会像被石头击中的鸟雀一样,体力完全消失,卧床不起,身体稍作运动也很困难。问他:你哪里痛啊?他连马上回答的能力也没有,说话也是有气无力。睡眠时辗转反侧,如何睡也没有舒适之时,而且食欲不振,夜不成寐,觉得白天晚上都很漫长。被迫感受药物的苦、涩、酸及针灸等痛苦。想到因此病可能会突然死亡,又非常害怕、恐惧。由于遭到魔障或恶缘,身心不得自在,唯一处于迷乱的境界中,也有因此而自杀的。如果患了麻风或中风等病,那活着就跟死了没有两样,被逐出人群,自己看到自己的面容也觉得厌恶。总之,所有的病人生活都不能自理,暴躁易怒,别人所做的一切事都看不顺眼,性格也比以前固执。如果久病不愈,导致病人聋、哑、瘸、拐等残疾，护理的人也不能一如既往地耐心照顾，经常遭受疾病折磨，非常痛苦。尤其是那些贫穷的人们，由于无钱医治而遭受更大的痛苦。

死苦：如前所说，人的死亡是避免不了的，死期是不定的。不管是小孩、青年、壮年或老人，当死亡之病来临的时候，都会卧于病榻之上不知起身，见到饮食也无食欲，惧怕死亡而胆寒，遭受剧痛而颤抖，治病求法而无效，遭受死亡的痛苦，所以心不欢喜，丧失了以往的勇气、傲慢，处于迷乱显现的状态中。已到永逝之际，虽有亲友围绕却无法挽留，唯有一人独自感受气息分解的痛苦。此时纵有无量的财产也无法带走，虽然心中难割难舍，但这些财产也不可能跟随。回忆往昔所造的恶业，心生懊悔，想到恶趣的痛苦便异常恐惧。死亡突然到来，显得十分可怜，人间的一切就此将消失，生存的显现已隐没，死亡的钟声已敲响，饮食终结于瓢勺之残羹，言语终结于哑而悲凉，如同将小鱼置于干枯的沙滩，身心不安。

如米拉日巴尊者说："若见罪人死亡时，为示因果善知识。"在这样奄奄一息之时，恶趣的境界已经显现，所有景象都是十分恐怖的，一切感受都是痛苦的，身体的四大内收、呼吸窘迫、肢体颤抖、意识迷乱、眼睛变成灰白色的时候，已离开了人间，死主阎罗来到，中阴的境界出现了，无依无怙，裸体空手离开人间。我们不能确保死亡今天不会来。那时唯有正法有益，别无依处。寂天菩萨云："此时需佛法，我未修法而悔。"《劝王经》载：大王啊！当死亡来临之时，失去了傲气，无怙、无佑、无亲，病痛、口渴、脸色变、手脚僵硬、无法站立，口水、鼻涕、呕吐、大小便失禁，喘着粗气，卧于病床，医生离去，离断生活，阎罗来使，停止呼吸，张大口鼻，往生来世，为大搬家，如大黑暗，堕大峡谷，飘泊大海，业风所趋，无安港，无财产，可怜啊！可怜！此时此刻，国王啊！除了佛法，别无他法啊！无论老幼，死亡都会突然降临，所以出生以后，就应修持对临终有益的正法，但我们以前没有忆念死亡，一直扶亲灭敌，为住处、财富等而奔波忙碌，为了亲戚、朋友等的利益而以贪瞋痴虚度光阴，这的确是令人遗憾的。

怨憎会苦：担心遇到怨恨的敌人而对财产白天守望、夜间巡逻，为了养家糊口终日庸庸碌碌而度过一生，结果却无济于事，一切财产受用却会被敌人享用。白天遇到强盗，夜间遇到盗贼或豺狼野兽等突然出现而遭损害，利用一切非法、走私得到的所有财产都被充公或没收，自己且锒铛入狱，甚或丢掉生命。例如，拥有一匹马会担心它被敌人抢走、被盗贼偷走，又要担心草料不足等，虽然只有一匹马，却有许多痛苦。同样，拥有一只羊也有拥有一只羊的痛苦，甚至仅仅拥有一条茶叶也必定有拥有一条茶叶的痛苦。总之，无论有多少财产受用也只是积累、守护、增长等无量痛苦的本性。米拉日巴尊者也说："财初我乐你羡慕，虽有许多不知足；中被吝啬给束缚，不舍用于善方面，乃着敌魔之根源，自己积累他人用；最后财为送命魔，希求敌财刺痛心，应断轮回之诱饵，我不希求魔之财。"拥有多少财富，就会有与彼同等的痛苦。如云："若无财产远离敌。"如果没有财产将远离仇敌，安乐无比。如龙树菩萨说："积财守财增财皆为苦，应知财为无边祸根源。"所以应当观修：如同往昔出世的活佛、前辈圣者的传记中所说的那样，根除一切对财产受用的贪执，像鸟雀生活一样，唯一修持正法。

爱别离苦：世间轮回的一切众生都是贪爱已方、瞋恨他方，偏袒亲戚、朋友、眷属一方，为了他们而感受诸多痛苦。亲戚朋友暂时聚合，但这也是无常的，都是别离的本性。同样，怜爱亲友等也担心与他们分离而感受痛苦。可是，如果善加观察便可以知道，亲友也不一定是真正的亲友，父母亲等虽然自以为是疼爱孩子，但疼爱的方法若是完全颠倒，则最终只是害了他们，给予食物、财产，为他们迎娶作为终生伴侣的妻子，实际是把他们束缚在轮回的绳索上，并且教他们如何制伏敌人、如何扶助亲友、如何增长财富等造不善业的方法，导致他们无法从恶趣深渊中获得解脱，实际上再也没有比这更严重地危害他们的了。

子女等也是如此，最初吸取父母亲身体的精华，而后抢夺他们口中的饮食，最后夺取他们手中的财产。父母如何疼爱子女，但子女反而损恼父母，父母亲一生不顾痛苦罪业、恶语所积累的所有饮食财富，毫不吝惜地给予子女，但他们没有一点感激之情。如果给予别人一分钱，他们会很欢喜，但给自己的子女再多钱财他也觉得没什么，反而认为父母的财物我理所应当享用。兄弟姊妹也为了自己能得到财产而纷纷争夺，给了他们也没有谢意，而且给了还要索取，因此，对子女和亲戚再慈爱也没有真正的意义。

如米拉日巴尊者说："子初悦意如天子，慈悯之心难形容，而后过分催索债，虽施一切无悦时，别人之女迎入内，大恩父母逐出外，父亲呼唤不答复，母亲呼唤不应声，后成冷淡之邻居，勾结狡者造恶业，自生怨敌刺痛心，应断轮回之粑绳，世间子孙我不求。”又说：“女初笑颜如仙童，劫夺财宝具大力，而后讨债无尽头，父前公开索要走，母前暗地偷偷带，施给不知报恩德，大恩父母心怒恨，后成红面罗刹女，若善他人之荣耀，若恶自己祸害源，祸害魔女刺痛心，断除无觉之忧愁，祸根之女我不求。”又说：“亲友初遇见欢颜，密切来往漫山谷，而后酒肉如还债，送他一次还一度，后成贪瞋争吵因，恶友讼因刺痛心，舍弃乐时之食友，世间亲友我不求。”

求不得苦：在此世间没有一人不希望幸福快乐，但是几乎谁也不能如愿以偿。有人为了幸福建造房屋，但是房屋倒塌自己丧命；有人为了充饥食用饮食，但却导致疾病危及生命；有人为了获取胜利而奔赴战场，却一命呜呼；有人为了追求利润而去经营，却遭怨敌破坏沦为乞丐；有人为了功名而奔波，却遭贬职；有人为了利益交朋友，反遭出卖；有人为了兽皮狩猎，反堕悬崖；有人为了丰收种庄稼，反遭雹灾；有人为了肥壮养牲畜，反遭雪灾等。这些人为了今生的幸福、受用得到满足，虽然尽力辛勤劳作，但是如果没有前世的福德因缘，则即便只是暂时的充腹也很困难，并且自他备受痛苦，最终只能是堕入恶趣深渊而无法解脱。《入菩萨行论》云：“痛苦和烦躁，诸多的畏惧，离别的爱恋，皆源自恶行。”虽然人人想得到幸福和快乐，但是没有积累幸福和快乐之因，反而干了许多恶事，经常遇到痛苦，这是因果不虚的规律。为今生而付出的辛勤和努力，如果把它用于修持正法上，那么现在已成就佛果了，或者虽未成佛，也根本不会再感受恶趣的痛苦。

不欲临苦：于此世间虽然没有一人希望感受各种各样的痛苦，但是都要感受很多痛苦，因为我们不知道因果取舍的道理。《正法念处经》说，即使能够将炙热的火焰变成清凉的风，即使能够将急速的大风用绳索套住，甚至能够使日月坠地，也不能改变业的结果成熟。如此，我们遇到很多痛苦的事情，是往昔积累的恶果成熟的表现，而非其它因素造成痛苦或故意让你遇到痛苦。我们不可能让恶业结出善果，就像毒药不利健康，反而丢了性命，无可奈何地成为往昔罪恶的牺牲品，原因是贪瞋等世间八风所致。《迦叶佛问经》说，名利、地位和威望会紧紧地拴住人的意识，应当抛弃而出家。《入菩萨行论》说，如果因为获得了许多财富,受到人们的尊敬而骄傲,那么死后将会产生痛苦。阿底峡尊者说,僧人最大的束缚和错误是喜欢获得别人的尊敬和供养心情。《劝戒亲友书》说,对自己稍有损益即生喜怒的世间的利、衰、誉、毁、称、讥、苦和乐,不是我想要的东西。对于僧人来说,为世间而奔波是被世人耻笑的事情。如米拉日巴尊者说:“本来佛陀世间主,为摧八法说诸法,如今自诩诸智者,岂非八法反增长?如来护持诸戒律,为断俗事而宣说,如今持戒诸尊者,岂非琐事反增多?往昔僧人之威仪,为断亲属佛宣说,如今僧人诸威仪,岂非过分顾情面?总之若未念死亡,修持正法徒劳矣!”我们现今社会处于五浊恶世时期,邪恶的力量日渐强大,到处充满战争和争斗,没有公平和正义。外在的世界环境日益恶化,水灾、地震、海啸、飓风、风暴、雪灾、干旱、雹灾等日益频繁严重。人的物质生活极大地丰富了,但是内心却越来越来贫穷,杀人、抢夺、毒品日益弥漫。因此,我们应当重新思考自己该做什么,不该做什么,一定要对自己负责。经云:“吾为吾主,别无他主,吾治吾心,寻得希主。”也就是说,佛法认为自己就是自己的主人,没有别的地方可依靠,调伏好自己的心,就是找到了自己最大而可贵的主人。

5.阿修罗的痛苦

本来阿修罗的财富受用可与天人媲美,但是由于往昔嫉妒、好斗的不善业习气所感,得到阿修罗之身相嫉妒心极为粗重。在自己的势力范围内,或区域与区域间、集团与集团间进行争斗,互不和睦,唯以战争度日。阿修罗能够看见天人的财富受用圆满,生起了无法堪忍的嫉妒心,发动一次又一次的战争,但终究失败而告终。又不甘失败而发动战争,死伤无数,血流成河,天海水都成了血红色。生在阿修罗的主要原因是嫉妒之心。米拉日巴尊者云:“自乐他苦,亲友仇敌,骄傲自满,随业生此。”如此经常以战争度日,我们应当诚心观修阿修罗之处也不离痛苦的本性。

6.天人的痛苦

天人活着的时候快乐、幸福、受用圆满,无忧无虑而懒散地度日,寿命虽长达数劫,但在散乱迷茫中寿命已尽,没有修持正法的意识。从四大天王到他化自在天,无论生在哪里终究都要感受死亡的痛苦。天人临近死亡时,显现五种死亡的征兆,以前每个天人的身体可以发出光芒,此时身体的光芒已消失;以前如何坐在宝座上也没有不欢喜的,此时不愿意坐上宝座,甚感不适;以前天人的花鬘经久不枯萎,此时已经凋谢;以前天衣无论如何也不会沾上污垢,此时天衣也已染上污垢;以前天人身上不会流汗,此时身上出现汗水。这五种死相现前时,天人知道自己死期将至,内心十分痛苦。天子天女及朋友们也知道他们将要死亡,所以不到他们身边,只是从远处散花祝愿:"愿你从此死去后,转生于人间,行持善业,再生天界。"然后就全部离开了,留下孤孤单单,凄凄惨惨。而且以天眼观察后,天人了知后世将转生何处,看到转生之处的痛苦。死亡的痛苦还未去除,又加上堕落的痛苦,使痛苦增长了两三倍,大声哀嚎。如此情形要在天界停留七天,三十三天的七天是人间的七百年。忆念往日曾经快乐幸福,而如今没有自主继续住留,感受即将死亡的痛苦;看到后世生处的悲惨,感受堕落之苦。遭受这两种痛苦的折磨,内心忧伤,其苦已超过了地狱的痛苦。上面的两天界(色界、无色界)虽然没有现行的死亡痛苦,但引业穷尽后将如梦醒般堕入下趣,非常痛苦。米拉日巴尊者说:"产生坏心堕下趣,产生坏心福泽尽,福泽耗尽迅速堕,堕入天人之痛苦,细细讲授乱思绪。"有的人说,天界是无法看到的,但是我们仔细观察就可看到,我们现在的所谓"世界"之外还有很多世界,只是我们不知道而已。

7.一切皆为痛苦

如是,六道众生无论生于何处,都离不开痛苦的本性,超不出痛苦的范围。天人受着一种不显现在外面,但弥漫在内心深处的痛苦煎熬;人类受着各种变化着的痛苦; 三恶趣中的众生则受着痛苦中的痛苦;而人类又同时感受以上三种痛苦的体验,也就是说,人类体验着六道轮回所有痛苦的各种体验。佛经说,恶趣的各种痛苦都体现在人类身上,滚滚热浪和寒冷冰霜如同地狱,贫穷如饿鬼,如同流水般的永无止境的奴役就像傍生。如此,轮回就是痛苦的本性,如同痛苦的风暴和痛苦的海啸。《念住经》云:"地狱有情受狱火,饿鬼感受饥饿苦,傍生感受互食苦,人间感受短命苦,非天感受争斗苦,天境感受放逸苦,轮回犹如针之尖,何时才有乐乎。"《父子合集经》云:"若见轮回苦,悲从心中生,三界若怖狱,勤心而弃之。"弥勒菩萨说:"五趣之中无安乐,不净室中无妙香。"龙树菩萨说,轮回就是这样,无论生在天人、地狱、饿鬼、傍生都不是什么好的去处，都将成为容纳各种罪恶的容器，你知道吗？《四百颂》说道，有智慧的人即使见到上趣，也如同见到地狱般害怕！因此，一定要认识轮回痛苦而产生出离的思想。

如果没有厌世思想就不可能清净修法，将会失去今生良好的修法时间。佛经说，迷恋世间的人永远摆脱不了轮回。阿底峡尊者说，即使清净地遵守三种戒律，但如没有出离三界之心，也将会成为轮回之因；即使日夜将自己的身体、语言和意识都从事善的工作，但不为圆满的菩提而回向，也会成为颠倒是非；即使成为佛学大师，但如没有看破红尘之心，所作之事成为世间的累赘，而无法找到来世的解脱之道。仲敦巴云："日夜禅修轮回苦，欲为解脱而上逃。"博多哇说道，如果我们把轮回视为无量宫般的美妙，那么将会在此流落而无法获得解脱，即使挣脱恶趣而获得人身和天人之身，也没有永恒的安乐，因此一切轮回都是痛苦的啊！米拉日巴尊者云："呜呼哀哉！世间八法信托的人们，思来想去沮丧之情不断涌上心，考来究去悲从心中溢，转来转去无法跳出轮回，如此心病为业所纠缠，医治之法唯佛无他法。"冈波巴大师云："思考暇满难得而促善业，思考因果不虚而促弃恶，思考轮回过患而促修佛，思考轮回众生的痛苦而促进修习菩提心。"帕木竹巴云："上师如黑暗之灯，敬心依持瑜伽士；今生如草尖之露，莫要常盼瑜伽士；妙欲如利刃之蜜，莫要品尝瑜伽士；名誉如空谷之音，莫要迷恋瑜伽士；故乡如魔鬼之狱，莫要依恋瑜伽士；亲朋如监狱之卒，莫要贪恋瑜伽士；生命没有固定期，抓紧时间瑜伽士；财产就是痛苦根，莫要聚财瑜伽士；轮回无边如火坑，莫要安住瑜伽士。"如此，修持佛法一定要有坚固不变的出离之心，此外由于暂时的情绪激动或净相而产生出离之心也有。

但是，如果结交邪恶的朋友将会耗尽以前积累的功德，常被眼前的景象所迷惑而丧失理智，因此，请经常接触善良的朋友吧！米拉日巴尊者曾这样教育他的弟子拉杰敦巴[①]道："拉杰敦巴，你不要把心交给那些把佛法见解挂在嘴上的人，不要听他们；而要相信实修佛法的人，听他们的话，跟着他们走；重大的决断要与那些放弃今生荣华富贵的人商量，那些追逐今生的人只会过来教你世间八法，不要上当。"佛陀把生死轮回图绘在寺院门口，也是为了巩固出离之心啊！《律经》记载，佛陀初转法轮就是从轮回痛苦讲起的。如此，我们看到地狱的可怕场景，就会唤醒出离之心，常思生命无常，坚固善业之心。《劝戒亲友书》说，看到或听到那些描绘地狱的场景就够可怕的，不要说体验那些成熟的果报了。米拉日巴尊者说，思考六道轮回的痛苦，心若风暴，久久不能平静。如此，应该充满厌世情绪，今生精进努力，学习佛法，要有不摆脱轮回誓不罢休的决心。没有彻底看破红尘，放弃今生，就不会修到真正的佛法。冈波巴大师云："对敌强烈的怨恨，对友强烈的眷恋，对财强烈的贪婪，此三行者应弃事，真正修法弃此三；南来北往做贸易，雇用别人为奴役，掉举空谷之蝼蚁，此为行者之八法，真正修法弃此三；导师老时成家长，厌世者老时聚财，得道者老时学习，如同出卖了灵魂，真正修法弃此三；博闻词藻的抱怨，独自修行的抱怨，苦行饥饿的抱怨，此三行者应忍耐，真正修法莫抱怨；可口的罪恶之肉，甘甜的疯狂之酒，美丽的迷惑之女，此为行者之剧毒，真正修法弃此三；未见夸夸谈神通，未伏夸夸谈伏魔，未治坐在病人旁，此为行者之障碍，真正修法弃此三。"如此，我们应该知道修法中的取舍问题，从而了解法与非法的区别，放弃今生的荣华富贵，断除杂念，寻找具格的上师，放弃今生的父母、亲戚、朋友和财富，如同弃痰，用金刚般的誓言，一心一意，精进学修佛法。

直贡噶举派至深教法经典《如意宝》云："不是为了自己为别人，粉身碎骨把他抚养大，反而遭到恩将仇报的，抛弃亲朋好友寻林处；故乡如同火焰山，是为无明痛苦贪瞋之根本，毁伤之本如同利刃之森林，名誉地位如同肮脏之粪坑，世俗之人如同阎罗王，成为他们头人极不妙，有点自我慈爱寻林处。"

帕木竹巴大师曾说："暇满难得之人身，唯一解脱修行之依靠，轻微福报没法得，如同梦中之显现，此生获得解脱身，如同渡河之大船，如同除暗之明灯，也如涂墙之金粉，驱逐黑暗之闪电，海龟套索浪中圈，极其难得之机遇，依靠人身之大舟，即使能渡痛苦河，没有善用暇满身，平凡度过这一生，如同有船无船夫，故因获得暇满的，难得宝贵之人身，为何不修解脱法，为何不除痛苦因，为何不寻安乐处。"

印度佛学大师荡巴桑吉说："此等物质犹如云雾一样，不要执著为常有；一切名誉犹如空谷声，不要追求名誉，应当修持法性；妙衣如彩虹一样,应当身着破旧衣衫而修行;自己的身体是脓血、黄水的皮囊,不要执着珍爱;美味食物也是不净物之因,不要为了充饥而奔波忙碌;一切外境显现都会招致怨敌,应当安住于寺院或深山中;迷乱的荆棘会刺入内心,应当修持平等心;一切需求从自心而产生,应当守护自心;如意宝自己具有,不要贪着饮食财物;言语过多是诤讼之因,应像哑人一样;心性能现种种之业,所以不应跟随饮食转;加持是从内心生起,应当祈祷上师本尊;长期安住一个地方,对佛陀也会见过失,不要长期安住一个地方;经常处于低劣地位,应当断除贡高我慢;不可能长久安住世间,应当及时修行;此生犹如旅客一样,不要致力于建造暂时栖身的房屋;任何琐事都是没有利益的,应当修行成就之法;自己的身体终将被小虫蚀食,何时消逝也无法确定,不要散乱虚度此生;亲朋好友犹如林中小鸟,不要贪恋他们;诚挚的信心犹如良田,不要置于烦恼的荒地;人身犹如如意宝,不要送与贪瞋的怨敌;三昧耶犹如了望楼,不要被罪业的过患染污;金刚阿阇黎住世时,千万不要懈怠修持正法呀!”

如果为了世间八法等鸡毛蒜皮小事而抛弃生生世世的大事,那是很愚蠢的。认识到轮回的痛苦就是痛苦,知道解脱的功德和因果道理的时候,就要寻找解脱之道,挥手告别世俗事。直到将轮回过患彻底参透,完全融入自己的内心深处为止,都要好好参悟。如果这个道理参悟不透,没有融入自相续中,所作的法事将会流于形式,成为世间八法。如果这个道理融入自相续中,将会把所作的任何善业都引入正确道路。因此,上师简单概述一下佛法,弟子随便听听佛法,记几个名词术语,没有任何好处。

《一意法》认为,别人认为这个道理不重要,但这是极其重要的关键的问题。从人身难得到终极的大法印俱生和合为止,所有的密宗教法都是一步一个台阶而来的,前面就是后面的基础和台阶,没有前面的法就没有后面的进步,因此没有产生出离心的修行人既使学习了显宗和密宗的至深法门,也无法调伏好自相续,反而更坏。

法王曲吉扎巴[①]云:“人身难得生命之无常,苦乐结果源自黑白业,

①拉杰敦巴,塔波拉杰的别名。

轮回过患解脱之功德，没有内心深处思考者，如同现在某些人修法，口头讲法手中行不善，是非颠倒不讲因果法。”一切智扎西南杰[2]说：“暇满人身难得，生命无常而迅速，死后随业而漂泊，黑白业的道理，他们的轻重程度，业不会消失而都会成熟，业的果报都要体验而窥见六道轮回的各种痛苦，仔细思考非真实的世间欢乐的各种弊病后，将会产生强烈的追求解脱之心，这是佛法的根本，什么时候都是非常重要的，所谓的‘厌世为修禅之基础’或‘厌世为修禅之主’指的就是这个道理，只是一知半解的话，既使最初生起禅定的境界，也会因压不住瞋恨之心而追逐名誉、地位和财富，彻底修禅到底的人很稀少就是这个缘故啊！”如此谆谆教导，就是让我们记住修习不能理论脱离实际，如同灯香师介绍历史，脱离实际夸夸其谈，对自己对别人都没有好处。

玛尔巴大师曾云：“诸位金刚兄弟们，轮回迷惑抛脑后，圣贤教诫要体验，始终都要守誓言，上师常放头上观，好好享受十善法，十种不善弃如毒，禅修事业莫间断。”如此，进行禅修。如何判定融入自相续的标准呢？敬安·扭·杰瓦拉囊瓦[3]就是一个很好的榜样。他曾经是整个拉萨地区的主宰者，但是当他看破红尘，厌世而出家为僧，将自己所有的财物都供养给了直贡替寺。据说当时载满供养财物的驮队队首抵达直贡替寺时，队尾还在蔡公堂。他放弃了今生的荣华富贵，一生勤奋修行，世俗财富视如粪土，生活简简单单，苦行终生，证得解脱之道。如此，修行轮回过患是进入圣法之门的钥匙，相信因果道理，放弃今生，悲悯众生等一切修法功德的唯一基础和依靠，因此直到融入自己的内心深处为止都要好好观修。

见到世俗可怖而不畏惧，
见到恶趣痛苦而不悲心，
见到善趣过患而更贪恋，
请加持赐予厌世之心吧！
轮回过患之引导终！
四共同外前行圆满矣！

第二节 四不共内前行

以外皈依显现大乘法，
以内皈依打开密宗库，
以义皈依了悟本性法，
噶举上师足下我顶礼。

不共内前行分四：修自相续为具格之法器——皈依，清净违缘罪障——念修金刚萨埵，积累两种资粮——供曼荼罗、古萨里积福，入加持方便道——上师瑜伽。

一、皈依

皈依之引导分七：信心之分类和功德，皈依之本体，皈依之释名，皈依之分类，皈依之学处，正式皈依，皈依之功德。

总的来说，能开启一切正法之门或根本的就是皈依，开启皈依之门的是信心。皈依之初于自相续中生起稳固的信心非常重要，《圣道宝鬘》云：“若言一切众生皆具如来藏，则问地狱等其它众生是否能具备修佛之条件？否。唯有具备暇满二者，并对佛具信心之人为修解脱和一切智的具法器之人耶！”故言，身具暇满而心怀信心之人才能成为具法器，观察自己是否具备这些条件是很重要的。

（一）信心之分类和功德

信心又分为清净信、欲乐信、胜解信三种。

清净信：初学者对某人或某法产生欢喜、热爱和信心，如进入有许多佛像、经书、佛塔的殿堂，或见到上师、善知识、高僧大德的尊颜，或听到彼等功德及事迹，以此类因缘，能够立即想到他们的悲心广大等，这种由清净心引发而生起的信心称为清净信。

欲乐信：当听到或看到恶趣轮回的本质和规律就是痛苦后，生起想摆脱这些痛苦之心；若听闻善趣与解脱的安乐则生起想获得之心；闻到善法的功德后生起要修持之心；现见罪业的过患后生起想断除之心，如干渴之人渴望水，这些都是欲乐信。

胜解信：了知三宝的不共功德与加持之后，从内心深处生起信解，对上师和三宝产生绝对的信任，对因果不虚、因果无欺的道理有了深刻的理解，是一切时分无欺的皈依处。想到无论是苦是乐，是病是痛，是生还是死，任何事情无欺的皈依处——三宝都会知晓，除了三宝之外，没有其它的依赖和指望，这种坚定不移的信心称为胜解信，不退转之信心也包括在内。

我们不能没有这三种信心，如果有信心，我们就能够守住微细的智慧，并将这些智慧发扬光大。因此，信心是一切法的根本，信心能生一切善法功德，犹如种子，若无信心，就如同种子被火焚烧一样。如经云："无信心之人，不生诸善法，如种被火焚，青芽岂能生？"此外，信心居于七圣财之首位。米拉日巴尊者云："信心如宝轮，昼夜修善道。"所以说，信心是一切财宝中最殊胜的。同样，信心也是无尽功德的源泉，犹如宝藏；能趣入解脱胜道，犹如双足；将一切善法揽入自相续，犹如双手。《大方广总持宝光明经》云："信心引导若母亲，守增一切之功德，解决需要渡苦海，信心象征安乐城。信心清净心与事，弃慢生敬之根本，如同财库及双足，如同双手摄善根。"

因此，如果自己具有上品的信心与恭敬心，那么所得到上师三宝的悲悯与加持也是上等的；若具有中品的信心与恭敬心，则所得的悲悯与加持也是中等的；假如只具有下品的信心与恭敬心，就只能获得少许的加持与悲悯；如果根本没有信心和恭敬心，那么不可能得到上师三宝的悲悯与加持。若自己没有信心，则遇到真佛摄受也无济于事，就像善星比丘和世尊的堂弟提婆达多等一样。因此，法王贡确旦巴云："三宝悲心无偏袒，信心之器入加持，没有信心差别事，则无差别法成就。"有信心则有善法，无信心则无善法，增长信心则增长善法，消减信心则减少善法，因此，一切佛法的根本就是信心。佛说，信心是开启佛法之门的钥匙。

产生信心有四种因素，即依靠善知识，交良善之友，思考暇满人身、生命无常、因果报应和轮回过患，阅读经藏等。依靠善知识，聆听他的教诫，感触他的善良行为和作风，自然而然就会产生信心；常伴良善

① 曲吉扎巴法王(1595–1659)，第25任直贡噶举法王。

② 扎西南杰：又名为塔波扎西南杰，塔拉冈波寺主持，著名的佛学大师。

③ 敬安·扭·杰瓦拉囊瓦(1164–1224)，觉巴大师首要弟子之一。

之友，被他坚定不移的信心和行为所感染，自然而然就会产生信心；观察众生生死变化，思考什么样的原因导致什么样的结果，观想众生苦难，尤其是三恶趣的众生的痛苦，地狱的煎熬和极度的痛苦，自然而然就对尘世产生厌离之心，对三宝产生信心之心；阅读经藏，自然而然地产生信心，因为经藏中记载了某一善人作了某一善事得到了如此这般的善果，某一恶人作了某一恶事得到了如此这般的恶果，某人放弃了今生的享乐而在寂静处刻苦修禅得解脱等究竟真实道理和非真实了义的方便之说。由于经藏为佛陀亲口讲授之言集，比看佛学论著更具加持力量，因此，我们要经常亲近以上四种产生信心之道。

没有从内心深处产生真实的信心，再大的智慧也会成为相反的智慧，因此要结合智慧和信心。冈波巴大师的《圣道宝鬘》云："信心小而智慧大，只能成为失落的演说家；信心大而智慧小，则只能成为失落的痛苦者。"如果具有真诚的信心与恭敬心，现在无论谁人祈祷，佛陀都会降临于他的面前赐予加持，诸佛对众生的悲心没有亲疏。如颂云："何人诚作意，能仁现彼前，赐灌顶加持。"只要具有胜解信，则任何人都会得到佛的悲悯和加持。

就像藏族有这样一种说法："若有信心，老妇依犬牙也能成佛。"从前有一位老妇人与儿子相依为命，儿子经常去印度经商。老母亲对他说："印度金刚座是圆满正等觉的释迦牟尼佛出世的圣地，你一定要从印度给我带回一个作为顶礼对境的殊胜加持品。"这样嘱咐他多次，但儿子每次都忘记了，一直没有带回加持品。一次，儿子又准备去印度时，母亲说："如果这次还不给我带回一个作为顶礼对境的加持品，我就在你面前自杀而死。"儿子去印度经商期间又忘记了母亲的嘱咐，临近家门之时突然想起了母亲的话。他想：现在该怎么办呢？我没有给老母亲带回任何顶礼所依的加持品，如果这样空手而归，老母亲一定会自尽身亡的。想到这里他左右环顾，发现路边有个狗头，于是拔出狗牙，用绸缎裹好带回来交给母亲说："这是佛牙舍利，希望你将它作为祈祷的对境。"老母亲认为这是真正的佛牙，生起了强烈信心，经常顶礼供养，后来狗牙降下了许多舍利子。最后老妇人去世时，出现了彩虹光环等许多瑞相。这并非是狗牙具有加持力，而是老妇人以强烈的信心力认为它是真正的佛牙，这样佛的加持力融入狗牙中，所以狗牙也就与佛牙没有分别了。

我们学习一般的世间知识时，没有兴趣就学不好，更何况超越世间知识范畴的佛法了。对佛法没有信心很难融入自相续中，而且现量证悟实相胜义谛也唯一依赖于信心。如佛在经中说："舍利子，胜义谛唯以信心才能证悟。"依靠所生起的不共信心，上师三宝的加持融入自相续后，自相续中便会生起真实的证悟，并且见到实相真实义的大法印时，对上师三宝会真正诚信不疑，生起不共的不退转信心。所以说证悟实相与胜解信二者是相辅相成的。

从前，冈波巴大师问米拉日巴尊者："尊者，我何时才可以摄受眷属呢？"尊者回答："一旦你与现在不同，于相续中生起现见心性的证悟，并且对老父我也生起如见到真佛那样的坚定信心时，你就可以摄受眷属了。"因此，上师三宝的大悲心与加持融入自相续，唯一依靠恭敬心和信心。从前，阿底峡尊者的一个弟子直呼尊者的名字："觉沃，给我加持一点吧！"尊者说："坏弟子，恭敬一点吧！"只有坚定不移的不共信心与恭敬心才可能开启皈依之门，因此信心是必不可少的。

具有如此信心之皈依也分为三种：如果是因为畏惧地狱、饿鬼、傍生三恶趣的痛苦，希求善趣人和天人安乐而皈依，称为下士道皈依；如果是因了知无论生于轮回的善恶趣都不离痛苦的本性，为了自己摆脱轮回的一切痛苦、获得寂静涅槃的果位而皈依三宝，称为中士道皈依；如果是因为现见沉溺于轮回大苦海中的所有众生遭受无法想像的各种痛苦逼迫，为了将他们安置于遍知无上真实圆满正等觉的果位而皈依，称为上士道皈依。如今在这三种发心中，我们应当具有希求将无边众生安置于圆满正等觉果位的上士道发心而皈依。善趣的人和天人安乐暂时好象是安乐的，但实际上也超不出痛苦的范畴，善趣安乐果报耗尽后又将堕入恶趣之中。所以不应追求瞬间的善趣安乐。如果只是为了自己一人得到寂静安乐涅槃的声闻缘觉果位，而不饶益无始以来曾为自己父母、现在沉溺于轮回苦海中的无边众生是不应理的。因为，在无尽的岁月中没有一个众生不曾成为自己父母的，如果一切众生都能获得佛的果位，那该多好啊！今天我要努力使他们获得佛果，这样的发心而皈依，是循着佛陀事业的道路，应该刻苦努力啊！《宝鬘论》云："众生界无量，欲益亦如此。

（二）皈依之本体

任何宗教都有神圣稀有的皈依对象，并将其作为终极意义上的皈依对象而皈依。如印度教的自在天、梵天、遍入天，伊斯兰教的阿拉，基督教的耶稣，本教的顿巴辛饶，儒教的孔子，道教的太上老君，萨满教的太阳以及某些地区的土地爷和山神的崇拜都认为那是终极的皈依对象。但佛教认为，这些都不是终极意义上的皈依对象，因为这些崇拜对象中没有一个是二障清净、二智圆满、脱离轮回、具有引导别人的能力。因此，佛教将三宝作为终极皈依的对象而皈依。何谓三宝呢？就是佛陀、佛陀所说的法以及学习佛法的僧众。这三宝也不是偶然产生的，而是在实践中产生、发展起来的。经云："佛法僧为欲解脱者的皈依所在。"

佛陀为觉悟者，即二障清净，清净了一切烦恼障和所知障；智慧圆满，具备了圆满的五眼、六神通、佛地十智、十自在、四陀罗尼门、佛之十种智力、四无畏、四无碍解、十八不共佛法的功德，具有广大无边的慈悲之心，无时无刻不照见众生的悲苦。佛陀的功德谁也无法说尽，在赞美中所叙述的功德也只能算是撰写者心量所及而为之，并非佛陀的功德只有这么多。《父子合集经》说，也许我们可以预测空中飞翔之鸟的高度，也许我们可以用瓶子量出大海的容量，也许我们可以用磅秤计量高山的重量，但是我们无法知道佛陀无边的功德。龙树菩萨云："脱离一切障碍，圆满一切功德，众生唯一怙主，顶礼一切智佛。"所说的法不是颠倒是非、无意义、欺骗、暴力、痛苦的法，而是终极的、不误的正确道路，一切法的规律，如前面讲的四共同之法。自始至终为善法，善辞善义，未掺杂而真实，一切安乐的源泉。僧众亦如此。

（三）皈依之释名

拯救恐惧和伤害为皈依。《幻网经》云："圣皈依处皈依，清除一切恐惧者。"恐惧分为几个层面，为了今生的安乐而恐惧地水火风、干旱、饥饿、猛兽、盗贼、疾病等；下士道恐惧三恶趣的痛苦；中士道恐惧六道轮回的痛苦；上士道恐惧轮回痛苦、清净涅槃和声闻独觉等生死涅槃的痛苦，拯救一切痛苦。因此，此上士道皈依应是我们的皈依所在啊！《一意法》云："外道和内道的区别在于皈依。"外道和内道的区别为是否承认四法印的标准以及其它见解和行为方面的准则，但是，最主要的标准为是否皈依了佛、法、僧三宝，是谓释名。

(四)皈依之分类

1.共同皈依法

如此,了解了总体皈依对象后,我们细分不同乘或不同阶段的皈依处。米拉日巴尊者云:“佛法僧三宝,为外皈依处。”声闻认为,佛为诸阿罗汉之皈依处,时为自己有生之年,发心为自己脱离苦海。大乘法的发心或动机为所有众生脱离苦海。声闻、独觉、大乘三者共同的皈依对象为诚信佛为本师,法为道,僧众乃为修道之助伴。皈依佛为指出正确取舍的引导者,佛所说的法为道路而体验,僧众为在道路上前进的伴侣,此谓共同皈依。

2.大乘共同皈依法

因果皈依,即因之皈依对象为释迦牟尼佛、十方佛,至深广大的大乘佛法和八大随行弟子等菩萨僧众,时间为直至证得菩提为止;果之皈依为纯洁无瑕的处事本性,如《律生》云:“如云聚空中,似佛之色身,共为法之身。”如此一切佛在智慧界中共同为净、乐和永恒的本质,没有任何障碍为佛,其本性之光芒十力、十八不共法、四无畏等五种智慧为正法,在法身不变中降下雨水,寂静和勇猛等各种本尊形象为僧众,这是终极的皈依。这个皈依对象为愿望而非实体。《宝性论》云:“从终极意义上讲,佛法是没有用处而应当舍弃的,也是具有欺骗性的;僧众是没有的,假相的僧众也是具有毁灭性的;所以,道谛和灭谛二法及圣僧众也非终极之皈依对象,唯一的终极皈依对象是佛,因为佛是法身,法身包含了一切。”像这样的皈依对象,我们能否亲见而取得戒律呢?非也!因为,我们的三十六种不净物组成的身体和如水泡般的眼睛,无法看到佛本身具有的光芒和光芒组成的佛体;爱说六十二种邪恶言语的我们,也无法聆听到密、深、清无二区别,一切能感觉和不能感觉的声音同时发出的佛语;我们的自相续为分别和思察的本性,被无明缠绕而胡思乱想的思维,无法探测到佛的无二分别的智慧。因此,像这样的对象是我们在实际生活中无法见到的,那么,以恭敬之心可以获得受戒等加持吗? 这是可以的。龙树菩萨说,只要有强烈的信心和恭敬心,佛就在自己面前,并能够达成自己的意愿,成就大事。在我们实际生活中值得珍惜的珍宝就是众生积累福报的已开光的各种佛像,被称之为第四稀有之宝的善知识,记载佛教理论体系的显密经典及其注释和诀窍，非为躲避恐惧或贪图表扬而一心一意向善而学佛的人。

3. 密乘皈依法

米拉日巴尊者云："上师本尊空行母，此三为内之皈依。"获得加持的根本是上师，获得成就的根本是本尊，获得事业的根本是空行母。因此，对上师供奉自己的身、语、意，如同对待真佛般恭敬；通过对本尊的念修来获得殊胜和共同的成就；将空行母作为助伴，守护誓言，供奉朵玛，创造顺缘，清除违缘，为增长大乘菩萨十地和五道事业而助伴。续云："上师等同诸佛，持金刚若眼睛，指引上趣解脱道，顶礼上师善知识。"那若巴云："若无上师，佛号不存，千劫之佛，源自上师。"如同通过对佛经的阅读和思考，能够讲经、辩经和著述一样，通过对本尊的念修来达到同样的目的，如印度的二胜六庄严和八十位大成就者等许多伟大的佛学大师都是追随本尊而精通讲经说法、辩经和著述的，获得无与伦比的成就；如同佛法存在于文字的音和形中一样，本尊也存在于文字的生起次第和圆满次第之中；如同对僧众产生净相，并以此为榜样学习佛法地道一样，对空行母和护法神的具誓朵玛的事业而获得地道的功德。这三种根本为内之皈依。

4. 殊胜方便皈依法

米拉日巴尊者云："脉、气和明点，此三为秘密之皈依。"如同珍宝般的吉祥噶举传承认为，秘密金刚身体中的脉、气、明点为三宝，完全清晰地按照三脉四轮的状态而观修，就可获得虹身无漏成就，圆满五地十道。如米拉日巴师徒和印度大部分大成就者一样，空行母和护法神自然而然地聚集。由于根本的气和分支的气没有规律地运行，导致增加无明，依此业而轮回。在观修脉、气、明点时，中脉由上下不通堵住运行之气达到融为一体，通过这个力量来打开四轮脉结。即打开脐轮脉结，三项和合，使身体内部所有隆、培根和赤巴三种性质各异、互相依存的细微成分达到平衡，体验到乐、明和无分别，精通三摩地；打开心轮脉结，见到心的本性，显现佛教经续为导师；打开喉轮脉结，一切存在的现象都呈现为佛经，自在讲经、辩经和著述，如米拉日巴尊者用道歌的形式自由地讲述佛教内容，萨罗诃的《证道歌》等；打开顶轮脉结，如顶髻庄严的直贡觉巴大师。如果气清净了，那么即使没有闻思佛法，也能通达地道，随顺一切本尊的成就，若同法；由于未清净明点，因此，三毒尤其是贪欲为根本成为一切轮回之因，通过ཨཧཾ(阿杭)燃滴的熔化和调伏，使一切元素远离障碍，显现八种因和果的功德，证得初始法身大金刚持的果位，如同皈依了上师和佛陀；因此，以脉依为化身，以气修为受用身，以明点清净为法身，此谓速成道之殊胜方便皈依耶！

5.究竟义之皈依法

米拉日巴尊者云："乐、明和无分别，此三为究竟之皈依。"如此叙述，为圆满次第有相脉、气、明点之本性。皈依圆满无相究竟细微法性初始本性无改规律之本身实况，为除了圆满精通一切修法次第，达到圆满次第的人懂得外，非初学者所能了悟的。自己心之本性无生和空性谓无分别；本性明而无碍，放弃了一切轮回和涅槃的烦恼，修一切功德谓明；远离了各种显现的法相的束缚，也就是说远离了事物的本质、本性和性能所显现出的各种现象，谓大乐。以上三者是同一个本质在不同方面的显现，故为三宝。具体来说，本性无分别是产生一切寂定功德的源泉，本性没有任何尘埃，即可实现如金刚般的禅定，此谓皈依佛；修习明而无碍的能力将会溢出禅定的智慧如森林之火，此时一切现象皆为佛经，讲经、辩论和著述无人能比，此谓皈依法；对各种法相没有任何执著，统摄三界，威震三界，无需努力就能产生一切神通，此谓皈依僧。

故此，觉巴·吉天颂贡说："总之，一切正法都可归为皈依法，这是至深而关键的。"指的就是外、内、密和究竟义的皈依法。精通佛法的佛学大师、万物显现为三身的大成就者们所作的一切善业都超不出皈依的范畴。对那些没有修行智慧和体验的愚人和骄傲者所执著的片面的皈依难行于佛法之道。如此，声闻、独觉、菩提心的外皈依，密乘内皈依，秘密皈依和究竟义之皈依中，我们学习和教授的是大乘共同皈依法和密乘内皈依法。三宝中的"宝"是稀有珍贵的意思。《宝性论》云："难生而无尘，有力而殊胜，不变而世界之庄严为宝。"从六个方面阐述了三宝的稀有、珍贵和殊胜。三宝中的佛宝在《宝性论》中阐述为：佛不是任何人创造的，也不是亘古不变的事物，而是自然形成的一个规律，不会因为别的因素而改变，具有智慧、慈悲和能力，能够做到自己和众生的事业，就称谓佛；法宝为：法是不可思议、无二分别、无法言传、初始就清净，能够使不净成为干净，自己却像莲花出污泥而不染，完美无缺没有任何贪恋，具有二谛性质的就是法；僧宝为：具有认识事物的本质及其产生这个事物原因的智慧和能力，不做任何有损于众生的恶事，因为不做任何恶事，故不会停止向善的脚步，具有无上功德的就是圣僧。我们皈依的对象就是各自具有八种功德的三宝。

（五）皈依之学处

皈依之学处：三种不做之事，三种应做之事，三种相同之事。带着皈依三宝的虔诚之心，向上师和善知识请求授予皈依戒后，要遵守如下戒律。

1.三种不做之事

第一种：不敬礼世间神鬼

经云：谁向佛皈依，此为正居士，无论何时地，不拜其它神。皈依佛之后，不能顶礼所谓轮回中的世间天神，即那些自己尚未摆脱轮回痛苦的外道天尊，如自在天、遍入天、耶稣、阿拉等以及藏族供奉的十三座神山、祖先神祇、二十一居士神、十二丹玛神、十二央玛神、地方神、土地神、非人、厉鬼、食香神、龙神、妖厉、守宝神、山神、水神、火神、田神、马神、羊神等世间大力鬼神。《章节经》云："高山森林和宝塔，林园殿堂和树木，恐惧怖畏的人们，基本皈依这些物；这些并非善皈依，也非究竟之皈依，皈依这些世间物，不会脱离一切苦。"博多哇曾说，就像一个软弱而无能的人，寻求强大而威猛的国王作为庇护对象，而非比自己更为弱小的挑水女仆。同样，我们只有皈依了佛陀，才能脱离轮回和恶趣的痛苦；而不是皈依那些仍未脱离轮回的世间大力神鬼。我们已经皈依了佛，根本不用皈依那些神鬼。在实际生活中我们常常看到很多人不皈依神圣庄严无欺的佛陀，反而皈依那些世间神鬼，尊奉其为家神、山神和财神，磕头转经也是为了脱离今生的疾病、灾难等各种畏惧，这是极大的错误。世间神鬼大多属于阎罗世界的饿鬼，他们自己尚未能脱离轮回，我们怎么能向他们皈依呢？我们平时为这些神鬼做焦烟、煨桑、御酒等法事活动并不是皈依他们，而是为了调伏他们的相续，不让他们伤害人和非人，彼此能够和谐相处。现在有些喇嘛、僧人和施主，整天忙于祈祷和祭祀地方神祇，这不是真正的佛教徒应该做的事情。其实皈依佛后，不需要皈依其它神鬼，也会得到帮助，不会受到伤害。没有皈依佛而皈依众多的世间神鬼,你的事业不会顺畅,工作不会顺利,心情也不会舒畅。

第二种:不伤不杀众生

经云:谁向法皈依,远离伤害和杀生。皈依法之后,应断除恼害众生之事,连梦中也不应做损害众生之事。杀生是世间对生命最大的伤害,因此,古今往来屠夫一直受到歧视。吐蕃松赞干布制定的《十六条在家道德规范》中把不杀生作为第一条也是与十善法相呼应的,这是暂时和究竟的善业。经云:“善守人间法,天堂不遥远,登上人天梯,解脱在身边。”入了佛门以后,要永远抛弃杀生的行为。在家居士和斋戒的戒律中,最主要的戒律就是不杀生。出家人的戒律中没有任何允许伤害生命的条例。经云:出家人损害别人,伤害别人,不是善的行为。在菩萨戒和密宗戒中,没有一条戒律是允许杀生的。食肉是杀生的根本动力,因此在三戒律中都规定禁肉。将心比心,莫伤他人,已成为共识。思考别人伤害自己的生命怎么办?自己被杀怎么办?感受多少恐惧和害怕!想想自己憋几秒钟气的难受劲儿,就知道动物被杀的痛苦了。“悲心者食肉,智慧者饮酒”,这是一种野蛮的逻辑和歪理邪说。我们应该按照佛经和上师的教诫而行事。食肉时应怀有为了解脱业和烦恼系缚轮回,精进学修佛法,保证体能,而不是为了品尝美味而享用肉食。阿底峡尊者曾说,我们这个毫无意义的身体,把它用在非常有意义的追求佛法上,身体是过河的船,不要为了体态丰满或品味美食而吃肉。

龙树菩萨也曾说,吃饭的目的仅仅是维持生命的延续,不是强取和聚集,就像吃药一样,不要掺杂欲望和愤怒。我们现在见啥吃啥、有啥吃啥的习惯并不好,应该延续先祖的良俗,奉行素食主义吧!觉巴大师曾说,现在我们有人认为,佛陀曾允许佛教徒吃肉,这是有其密意的,一开始禁肉,有人根本做不到,也就不会入教了,开始时允许吃荤,是为了最终彻底地做到禁肉;有些佛教徒认为,只要不杀生就可以了,又说吃肉不会成为解脱的障碍,这是针对那些认为自己的观点是唯一正确的人说的。实际上吃肉具有与杀生相同的罪恶,因此,无论大乘或小乘都不允许吃肉,尤其是菩萨道就更不允许吃肉了。《入楞伽经》、《大云经》、《涅槃经》、《指鬘王经》、《楞伽经》里讲的都是不能吃肉的道理。

允许世俗嗜酒之人少饮煮熬之酒，也是为诱导其终究戒酒之策也。实际上在佛教任何律经中都没有饮酒的许诺。关于密宗可饮酒之说,在《胜乐续·甘露酒篇》中是这样说的:“非为品尝甘露,而嗜酒而饮酒,有无量罪过!”佛教的显宗和密宗都把戒酒作为重要戒律予以禁止。因此,不要将佛教经典颠倒解释,把自己和别人都引入地狱之门,这是很重要的。觉巴大师曾云:“不吃肉不饮酒,酒是万恶之源,肉是父母之肉,智者不曾吸取。”觉巴大师心之法子敬安·扎巴琼乃[①]在《无垢鬘经》云:“放弃品尝酒肉非时食,所谓酒肉会供之习俗,谓言密宗行为实为非,莫要诬蔑佛陀之正法,今生衣食怎么过也行,在此失落永恒之福泽,《律源》《俱舍论》及《时轮经》,此等续部禁肉禁酒食。”又言:“莫行酒肉之会供,怙主之业将会灭,酒肉会供颠倒行,先祖历史之批判。”佛教的显、密经典都是反对酒肉的,这是因为知道不善的行为最终将导致不善的结果而禁止，因果不虚的规律是谁也无法改变的。《一意法》云:“禁止就是禁止,允许就是允许。”说的就是这个道理。我们僧俗都应该知道这个道理,效仿先祖的历史,奉行素食主义,度过暇满人生,厌恶和抛弃纵酒纵肉的行为吧!

第三种:不与外道为友

经云:谁向僧皈依,不应与外道为友。即不能与不信心佛教的人、外道以及没有信心的人交往。与这样的人结交,日久天长,自己的行为和观点也会随着时间而改变,成为外道。在西藏,对非佛教的伊斯兰教、基督教和无神论者,不应仇视,但也不应相伴相随。在佛教徒内部也有类似外道的人,这些人虽已入佛教之门,但不知皈依之法,不知因果道理,不知取舍之道,诵经如鹦鹉之舌,不知三圣二次第,迷恋今世而无出离之心,浪费时间并冒犯佛教,诽谤上师和佛法,诋毁清净法友,赞扬非礼之言,对至深教法产生邪见。像这样的人还是不去结交为好,若与这样的人结交,影响你对佛法的信心,浪费宝贵的人身,实际上这些指的就是皈依僧后,不应结交恶友。与恶友为伴,即使佛在空中飞翔你也未必能够产生信心,即使众生开肚破肠,你也未必能够生起慈悲之心,即使外表看似佛教徒也会成为捉弄人、毁坏誓约的魔鬼,因此,远离邪恶的朋友吧!

俗话说:罪恶之人能教化,教油子不能教化;干硬之皮能油揉,酥油包壳不可揉。弃恶友,则自然远离了非出家人的行为,如歌舞、赌博、打牌、玩耍、买卖、饮酒食肉、鼻咽、吸烟、讲故事等别解脱戒和菩萨戒以及密宗时轮二十五种戒律等必须遵守的戒律。宿喀·洛追杰波[1]云："寺院就是寂静地，车水马龙众群聚，热闹之地非寺院，举止温和有善心，聚人再多也是寺。具备戒定慧三学，才为守持佛教者，广严城和王舍城，佛陀广转法轮时，百千万人聆听法，寺院僧团可追随，莫要失去其精髓，住在寺中人称僧，践行聚财食酒肉，违法行为度日夜，为民仪式和法行，坛城设置及念诵，如同交差还得意，背离生圆和口诀，信财罪恶破戒等，心高气傲仰高头，谈论肉茶的好坏，大口吃肉又喝酒，违反佛教之戒律，应该善践之行为，忘记众生皆为母，食用父母之肉耻，为了会供备肉食，大吃非为三净肉，念诵间隙观想时，如同哨兵眼角尖，如同开会议论多，心如野马难收回，明清恒及三心态，放飞观想和禅定，如此如我自满者，外不显露内心中，翻滚三毒和慢心，失去羞耻显无明，讲述三戒及经论，讲辩著述为他人，闻思定调伏自性，此等真正佛教徒，如同盲人原野处，此等称寺为非寺，称谓圣僧为非僧，是非之处阅经籍。"

觉巴大师曾云："现今末法五浊时，大部众生被魔钩，大善知识视敌人，如法行者尤妒嫉，格言圣语反胃口，闻听圣律动心摇，出家之人视噩耗，三藏经典为祸害，讲经修法怒神灵，佛学大师视魔鬼，抛弃真言和教诫，骗子伪君视如宝，魔鬼之类特别信。破戒视为成就行，淫行称为寻佛母，嫉妒称为违缘起，愚钝之人信此理，恶行之人相互护，破戒之僧有面子，护法之人没势头；僧众聚集之殿堂，成为财富和残暴，战争女人及买卖，讨论争斗之场所，别说生圆之次第，没有半句佛号声，争夺生死之信财，白天僧装斗信财，夜晚美酒争女人。恶事做尽有面子，声称我法很昌盛，不知羞耻人面兽，见此景象悲凉啊！"

大成就者努努·贡确才旦曾云："欲望被财富所迷，没有坐禅的时间；打开吹牛之闸门，没有诵佛的时间；身语意迷恋低俗，不知生圆之次第；尔等'无暇'有德者，行为装束像演戏。念诵音律齐齐，今生来世诵诵；尖嘴利牙好争，专横寻官后门；亲族随众众多，农业四时繁忙；常用法器漂亮，手印击鼓好诵；占卜预言无碍，禳解威猛法事；此等末法时外，如此应供处谁找？啊呀如此可怜，普遍迷信除外，如此施主谁寻？圣者加持阳光，俗者鼻涕发光，随众内转瓶蜜，像我像模像样，像有好像没有。”揭示了恶友向随之罪过，并提醒我们不要把恶人当作榜样。现今社会恶友多如牛毛，善友凤毛麟角，在僧人中贤正善良之人也罕见啊！有些人根基很好，但是结交了恶友最终变成恶的不计其数。这些人将会转变为佛法的敌人，堕入地狱，故请慎重。觉巴大师在《对提乌让吐尔的语·珍爱心要》中云：“释迦佛法如狮王，主要追随释迦法，佛律特意制定罪，违法自然成为罪，细微之处不守护，即使处在寂静地，也会迫害释迦法，如若迫害释迦法，此等优秀见定慧，利己还是利他人？密宗金刚之大乘，谁说抛弃佛戒律？欲想解脱之贤人，莫要自己咒自己，把那饥饿为借口，莫要买卖氆氇衣，利他事业为借口，莫要寻找财和物，闹市之中行占卜，威猛之咒治病人，侮辱佛法作交易，自己引入邪恶道，先辈传承之历史，渐渐破坏摧毁啊！”如上所言，只有自己才能拯救自己，放弃不好的朋友，只有抛弃了邪恶的朋友，才能步入正道。佛说，不要与罪恶的人交朋友，如果一个没有罪过的人结交了一个罪恶的人，人们就会对这位没有罪过的人产生怀疑，并伴随流言蜚语。《正法念处经》云：“本质为贪欲、愤怒和愚昧的朋友就是罪恶的朋友，就像是毒树。”《涅槃经》云：“菩萨，恶友如狂象，狂象毁身体，恶友则毁善根和净心。”阿底峡尊者曾说：“戒律就是善良的行为，要抛弃产生无明的朋友，依靠增长善的良友。”《祖师问道语录》云：“阿底峡问：敌人之中谁最坏？仲敦巴答：败类的罪恶朋友。”博多哇曾云：“自己没有主见，加上听从恶友相劝，附和他的行为，今生和来世的希望就没有了。”纽荣巴[1]曾言：“恶友视如杀父仇人，如流行疾病般防止。”放弃罪恶的朋友，结交善的朋友吧！

2.三种应做之事

第一种：敬佛宝

三种应做之事又称为特殊戒律。皈依佛后，对佛宝的身像，乃至零碎片段衣裳也应恭敬供养，对它生起真实佛宝之想。如今我们这些人自以为是三宝的随行者，但却对佛经、佛塔、佛像等等没有少许恭敬心。视佛像、经典书函等为普通财物之想，从事买卖或作为抵押品等，

① 敬安·扎巴琼乃(1175-1255)，第四任直贡噶举法王。

即是所谓的享用三宝的身财，罪过极其严重。此外，绘画、雕刻佛像等需要测量尺度后再制作，除此以外，若在其它时候妄加评说，指责佛像某部分不庄严，则罪过十分严重，所以不应评说、指责。

第二种：敬法宝

皈依法后，对佛经的只言片语乃至一字也应生起恭敬心，顶戴供养，生起真实法宝之想。佛经文字的书函等直接放在地上，或者从经书上跨过，或者以手指蘸唾液翻页等，所有这些不恭敬的行为，罪过特别严重。所谓的三福田就是佛像为身所依，佛经为语所依，佛塔为意所依。由于佛经是行为取舍的指南，保守佛陀的密意、传承和发展佛教法脉，如同佛陀在世，在三福田中最为殊胜。世尊说："末世五百年，我现文字相，作意彼为我，尔时当恭敬。"世间也有这样的俗语："佛经上面不能放佛像。"

不仅如此，现在大多数人甚至将金刚铃杵当作一般的用品，不认为它们是三宝的所依。实际上金刚杵表示佛的五种意智慧；铃也是同样，铃具有本尊面相，下续部说此面相为毗卢遮那佛，上续部说此面相为金刚界自在母，因此它具有身相；铃上有八大佛母真实种子字的经文相；此外，其声音可以表示佛说法的妙音，所以铃具足了身、语、意三所依之相。尤其是它具足了密宗金刚乘的全部坛城轮，并且是不共三昧耶(誓言)的标志，若轻视罪过极其严重，因此，应当经常恭敬供养。

第三种：敬僧宝

皈依僧后，对僧宝所依乃至僧衣上的红黄补丁也应生起真实僧宝之想，恭敬供养、顶戴，置于净处，生起信心并观清净心。即使是戒行不正的僧人，也不能随意诽谤，应观净相，不损自相续。经云：僧人赤黄色的袈裟如同宝幢，梵天和帝释天以及世间霸主都顶礼恭敬！

佛的第四宝以上师、善知识为化身利益众生，尤其是密宗金刚乘中皈依境的主尊是(金刚)上师，所以应当了知上师身为僧众，语为妙法，意为佛陀，即三宝总集之本体。之后，上师的任何行为都应看作是善妙的，诚信不疑精进依止，并且经常祈祷。

3．三种相同之事

---

① 宿喀·洛追杰波，著名的藏医学家。

无论苦乐、好坏、病痛或哀伤等等，不向世间神鬼皈依，唯有一心一意依赖上师三宝。如果幸福快乐，应当了知是三宝的悲悯所致，如佛在经中说：此世间的安乐与善事，乃至于炎暑酷日的习习微风拂面，都是佛的悲悯与加持。同样自心生起一刹那的善分别念也是佛不可思议的加持力所致，如《入菩萨行论》云：“犹于乌云暗夜中，刹那闪电极明亮，如是因佛威德力，世人暂萌修福意。”无论出现病痛、苦难、魔障等任何违缘、障碍，除了祈祷三宝之外，不依靠其它方法解除病痛魔障，假如需要采取医疗术、禳解术等方法，也应了知这些都是三宝的事业，然后接受治疗等，应知一切显现都是三宝的佑护。对此，生起信心并观清净。为了办事等前往异地他乡时，也应当先顶礼所去方向的如来或顶礼三宝后，才开始启程，如《宝月童经》般修行。

在日常修行中选择详略适中的大法印五支道的皈依法或共称的四皈依颂，日夜勤修。在日常各种行为中随时忆念三宝的功德。享用饮食的时候也是一样，观想三宝于自己的喉间，以饮食的美味作供养，如果不能那样观想，应当诚心以意念将一切所饮所食首先供养三宝。如果穿新衣服，也应在未穿之前观想供养三宝，即向空中甩动一下后，以意念表示三宝赐给了自己，再穿上。同样，遇到悦意的外境时用意念供养三宝，将一切善根供养三宝，回向众生。在藏历每月的十五、三十等吉祥日时应当尽可能供养三宝，平时则不间断地供养三宝。随时随地都不应忘记：无论是苦是乐，唯一皈依三宝。做到这样的话，如果在梦中生起恐惧、怖畏的时候能够皈依，那么在中阴界也能如此做到，所以在做不到之前，应精勤修念皈依。

总而言之，一心一意依托三宝之后，纵遇命难也不应舍弃三宝。从前，印度有一位居士被外道徒抓住，外道徒说：“如果你舍弃皈依三宝，就不杀你，若不舍弃就杀掉你。”居士回答：“我可以在口头上舍弃皈依三宝，但在内心绝不可能舍弃。”最后居士被外道徒杀害了。同样，信奉佛法的西域王拒绝放弃皈依而被葛逻禄突厥所杀。一些外教徒也不放弃自己的信心，我们作为佛教徒怎么能够放弃佛教正法呢？若舍弃皈依三宝，无论修持如何甚深的法也不能列入佛教徒的行列。《一意法》云：“外道也有许多善行！”虽然外道中也有以禁忌恶业、修习本尊、观修风脉等而获得共同成就的，但因为不知道皈依三宝，所以远离了解脱道，永远不能从轮回中解脱。皈依是区别佛教和外道的标志。因此，已入解脱道，作为佛教徒的我们，今后纵遇命难也不应舍弃皈依戒，而应精进修持正法。

六、正式皈依

前面讲了为什么皈依的问题，现在讲如何皈依的问题。正式皈依要观修皈依境。皈依境的说明为：当我们念诵“前方虚空……”等皈依颂时，观想此时我们所处的地方如掌心般平坦而广阔，环境非常优美，各种美妙的花鬘装饰了整个大地。在这平坦而广阔的大地中央，自己的前方，有一棵布满整个虚空的如意宝树，枝繁叶茂，硕果累累，在树的主干四周有四条巨大的树枝，伸向四方，每一枝叶上有八头狮子抬起的宝座，宝座上依次为莲花、月亮和太阳的坐垫，四方的树枝略低于中间的主干树。下面详细解析这棵巨大的立体如意宝树。

在树的主干中央宝座上端坐着诸佛共主金刚持，他的本质为诸佛凝聚在一起的原形，代表加持宝库根本上师；其形象为深蓝色，象征不变法身的本性；双足金刚跏趺坐状，象征生死轮回和涅槃寂净的平等性；双手交叉持铃杵，象征智悲无二的本性；顶髻的头发如黑蜂般乌黑，象征诸佛共性；五佛冠，象征五毒本性自净；发髻上的头饰，象征达成众生希望的如意宝；六种骨饰及宝饰，象征远离了色、受、想、行、识、智六蕴的障碍；蔚蓝色的上衣，象征法性的本色；红色的内裙，象征大悲心的本色；其自身发出如彩虹般的光，以及闪烁着光芒的坛城的周围，环绕着导师金刚持及四语旨的上师，大成就者帝洛巴、圣智者那若巴、密主玛尔巴、至尊米拉日巴、无等冈波巴、众生怙主帕木竹巴、法王觉巴·吉天颂贡等噶举法嗣黄金宝鬘，这些证悟义传承、深观传承、广行传承、修行加持传承的上师们，穿戴各自的服饰和装束。

前方树枝的宝座上为秘密一切续部的核心，究竟大乐的自性双身胜乐金刚，其父身为天蓝色，一面双手，持铃杵；其母身为红色，钺持刀和颅器；双身和合，装饰着六种骨饰和五印；站立在象征我和我执的垫子上，其周围由密宗事部、行部、瑜伽部和无上瑜伽部的所有本尊犹如

---

① 纽荣巴，噶当派著名佛学大师。

打开了荚壳的芝麻般地环绕着，全都圆满装扮着按照各自续部所说的装饰、习俗、尸林装和法器等。

右方树枝宝座上为佛祖释迦牟尼，周围环绕着此贤劫时期的一千零二十二等十方三时一切佛，诸佛以化身装束，具三法衣，三十二种大丈夫相，八十随好，金刚跏趺，光芒万丈。

后方树枝的宝座上为调伏八万四千法门的本质佛法经籍，以重叠的长条形藏文经书状呈现，发出自然的光芒。这些经籍里有三藏，尤其以密宗四续部为主，经籍左端的书名标签展现在自己面前，发出文字特有的声音，传达着听闻解脱事业的光芒。

左方树枝的宝座上有一切佛的慈悲的本质观世音菩萨、智慧的本质文殊菩萨、威势之主金刚手菩萨和地藏菩萨、除盖障菩萨、虚空藏菩萨、弥勒菩萨、普贤菩萨等八大佛子，以及在资粮道的菩萨和十地道的僧众都以白、黄、红、绿、蓝为身色，以十三种圆满受用身装饰，以菩萨坐姿端坐，观想这些菩萨的周围和下方都是智慧和业所成的在菩萨道上的护法四臂黑怙主、吉祥仙女阿琦·曲吉卓玛等父续和母续的护法，各自有鲜明的特色而不混淆，为修习菩提心的人提供增益善的条件，阻挡恶的障碍，如朵朵白云，清清楚楚。这些菩萨都是具有无量智慧、慈悲和力量之主，相信他们是众生唯一信任之心，供奉“七支法”。

自己的右面是今世之父，左面为今世之母，前方为怨恨自己的敌人、制造障碍的魔鬼，以及断掉解脱和全知为主的布满整个虚空的三界众生，全都聚在一起，双手合掌，由自己开始念诵“诸佛聚合之身……”等经文，依次为上师、本尊、佛、法、菩萨、护法等等的赞颂文，念诵时忆念诸佛菩萨的功德，念诵和思考不能脱节。

观想一切众生和自己一起皈依三宝，即用身体恭敬地磕头；用语言恭敬地念诵皈依颂；用心恭敬地这样想：不管是高贵、低贱，还是欢乐、苦难，也不管是善恶，还是疾病痛苦，不管发生什么事情，只有上师宝您才是我等唯一的皈依对象、保佑和希望，除了您以外没有任何皈依的地方，从今天开始直到证得菩提、获得佛果为止，全心向您托付，绝对信任，不问父母，不自作主张，一心依靠您，向您供奉，为您办事，除了您以外没有皈依和寄托希望的地方，依此强烈之激情念诵道：“我和如母等同虚空般的一切众生未证得菩提为止，向大恩的根本和传承上师及吉祥贤智的上师皈依，本尊坛城……”等经文。这个显密总汇的六皈依颂，结合每一座次禁言磕头，同时积累皈依颂，最起码也要念诵十万遍以上，并在日常生活中坚持修行皈依法。

在修习皈依法时，为什么把父母放在左右，把敌人和邪魔放在前面观想呢？已进入大乘佛教道的人，应该用慈心、悲心和菩提心来摄收所有众生；尤其在直贡噶举传承的教法实践中，把怨恨自己的敌人、制造障碍的魔鬼、断掉解脱和全知道路的麻烦者作为慈心悲心和菩提心的主要发心对象，这些值得怜悯的对象不仅曾是自己的父母，也是违背佛法的行为者，用大悲心之力将其归入正途，因此把它放在最重要的位置上。俗话说，没有愤怒，哪有忍耐？通过这些途径来修习忍辱波罗蜜多，给予无法之人佛法，产生出离之心，消除恶业等恩泽极大啊！

通过这样的途径，佛陀觉悟了；玛尔巴译师也是经由敌人而遇到佛法，成为大密之主；至尊米拉日巴也是由于其伯父和姑母霸占了财产，才遇到佛法，成为雪域实修佛法的楷模和祖宗；冈波巴大师也是少年丧妻丧子，才遇佛法，成为伟大的宗师；觉巴·吉天颂贡法王也是因身患麻风病，始入耶琼普修行洞中悟道的，这样的例子很多。

修行结束收座次时，由于自己强烈的恭敬之心，使自己皈依的对象即诸佛发出光芒，照耀到自他一切众生，消除了业和烦恼的所有障碍，众佛的随从们融入主佛，四大主佛融入中央的上师总汇主尊，根本上师也化为光芒融入自己和众生之中，观想已回到初始之态，一刹那进入法身大离戏之中，远离放出和收回的任何分别之心，尽量在空性禅定的状态中维持更长的时间。如此，在修定时一心专注人法无我空性所引起的禅定为义之皈依。冈波巴大师言：“了悟了远离了一切离戏的法的本性，那就皈依佛了。”在我们日常所有的行、坐、卧、住等举止行动中保持修行时的正念和正知，达到出定和修定一样，那就是皈依法。在这种状态下所作的任何善业都已趣入大乘佛教道，尽做众生之事，那就是皈依僧，我们应该努力达到这样的境界。

起立之前，向众生回向一切善根，念诵“此善速我等，修成佛法僧，众生未留一，皆登此果位……”等回向文。每时每刻保持正念和正知之心，行走时，观想将皈依的众佛在右肩上，为行动时的轴心；坐下时，观想将皈依的众佛在头顶上，为祈祷对象；吃饭时，观想将皈依的众佛在喉间，为供奉头道美食的对象；睡觉时，观想将皈依的众佛在心间，为幻化改变为光明的关键所在。如此，一切行为都不离开皈依的众佛，对三宝的信心绝非口是心非，在绝对信任之中精进修持皈依法。如此，“大法印五支道道次第”的修行方法，要按照前辈的做法修习。因此，必须阅读大成就者努努·贡确旦巴仁波切著的《大法印五支道修行菩提道》，严格遵照此座次的首尾和座间的规定修行。

（七）皈依之功德

1.总论

皈依的功德是不可思议的，不仅远离今生的各种伤害和违缘，还可获得来世的解脱和全知等，如《无垢经》云：“皈依之福德，若其具色相，遍满虚空界，彼将胜虚空。”《般若摄颂》云：“皈依福德若具相，此三界亦成小器，大海乃为水宝藏，小斗岂能衡量矣？”此外，又如《日藏经》云：“有情谁人皈依佛，俱祇魔众不能害，纵破戒律心散乱，彼亦定能趣涅槃。”《章节经》说，众生谁皈依了佛法僧三宝，就远离了源自轮回的苦难，无边的苦难，忍耐的苦难，用真正的智慧可以获得八圣道和四圣谛，这些是善的皈依，脱离一切苦难。如此，在三藏四续等佛学经典中的记载难以计数。

2.分论

阿底峡尊者认为皈依有八种功德：归入佛门，成为一切律仪之根本，消除业障，不受人和非人的侵害，死后不堕入恶趣，未来将成为三宝的教化对象，永远不离三宝，达成一切所愿。

归入佛门。佛教和外道的区别在于皈依，即是否皈依了佛陀，因为佛陀是无过佛。外道皈依佛教后说：我为什么抛弃自己的导师，皈依您的门下，因为您没有任何毛病，只有功德。现在很多博学的科学家也在称赞佛教，但是如果没有皈依佛教，就不能算作是佛教徒。帕木竹巴大师曾言：“即使是才高八斗、学富五车之人，没有皈依就不能算是佛教徒；而斗大字不认识的牧童，皈依了就算作是佛教徒。”如此，我们已经皈依了佛教，功德就很大了。

成为一切律仪之根本。如果没有皈依，即使精通三藏也是外道，因为皈依是佛法的基础。如《皈依七十颂》云：“虽众皆可受戒律，然未皈依不可得。”别解脱中比丘戒、沙弥戒、居士戒，所有律仪也都依靠皈依，所以皈依是必不可少的。觉巴大师言："没有坚持皈依法就没有功德！"

消除业障。如果内心深处以强烈的信心、恭敬心皈依三宝，那么往昔所造的恶业将会减轻或消尽。从此以后，自相续也会得到三宝大悲心的加持，一切行为都会成为善法，不会再造恶业。譬如佛经中说：未生怨国王杀害了自己的父亲，后来诚心皈依了三宝，因此，他死后仅仅在地狱中感受了七天的痛苦就解脱了；提婆达多造了三种无间罪，活活地感受地狱烈火烧身时，才对佛教生起了诚信，并说："我从心底深处皈依佛。"以此因缘他成就了缘觉的果位，名为具骨。

不受人和非人的侵害。有些人在未皈依三宝前，生活放荡，行为不端，别人都不喜欢，而皈依三宝后，严格梵行，除自己的爱人外不跟其它异性有性行为，渐渐受到别人的尊重。从前有一个名叫当巴亚胡的人受到非人的骚扰，疾病缠身，向觉巴大师求救，请求授法，觉巴大师授予他观世音菩萨的观修法，当巴亚胡依教而行，当晚非人再次到来准备侵害他时却没有见到他，并自言自语道：我的病人到哪里去了？当巴亚胡知道这个观修法对自己有利，从此坚持修行，再未受到非人的侵害，他的病也好了。

然而，当今时代有些在家人为了一年中全家安乐、除病祛灾而采取保护措施，将一些既没有得过任何灌顶和传承，也未圆满诵持必须的真言基数的上师、僧人请到家中，他们则摆设一个猛修仪轨的坛城，没有任何生圆次第境界，只是瞪着如碗大的眼睛，对着一个食团生起难忍的瞋恨心，口中喊着"呀呀"、"打打"、"杀杀"，令人一听到就产生面目狰狞的感觉。之后唯有进行血肉供养。若善加观察诸如此类的现象，则如米拉日巴尊者所说："迎请智慧大尊维护世间的利益，犹如将国王从宝座上拉下来，吩咐他做扫地之事一样。"又如荡巴桑吉尊者说："将密宗的坛城设在村子的羊圈里，尚能对治乎？"若请那些相续寂静、调柔的上师和僧人，请他们念诵十万遍皈依偈，则没有比这更保险的法了。

死后不堕入恶趣。不用说了知三宝功德后生起信心而皈依，不堕入恶趣，甚至仅仅耳闻佛号，或对佛的身、语、意所依中任何一种结上少许善缘，也将在其相续中播下解脱的种子，最终得到涅槃，《入菩萨行论》云："圣主众生佑，行救众生事，大力救皆怖，从今后皈依。"皈依三宝可以消除一切恐怖之事，也可以消除堕入恶趣的恐怖。从前，有一条母狗听到乌巴谷地比丘的诵经声而消除了业障，死后转世到他化自在天，何况我们真正皈依三宝的人呢！

未来将成为三宝的教化对象。因果不虚的规律中将与佛有缘。从前，有个比丘每天清晨都念诵《华严经》，在他屋檐下做巢的燕子每天都听到朗朗佛号声，它的业障渐渐减轻了，死后转世为人，笃信三宝，由于前世的功德，他一看《华严经》就能背诵。还有一只青蛙在听法时被牧童打死，马上转世到三十三天界等等。

永远不离三宝。如法行事的人，生生世世直至证得菩提为止，逐渐度过地道。《章节经》云：能够威慑一切违缘的事情，知道一切事物的本性，没有任何遮挡认识事物的障碍，抛弃了一切罪障，没有任何贪恋而得到解脱，这时自己就是自己的老师，还需要寻找别的老师吗？如此永远不离三宝，证得菩提。

达成一切所愿。如此皈依后，究竟了显密次第，摆脱了一切违缘，获得解脱和全知的境界，也就是觉悟的境界。《章节经》云："众布施中法布施最大，众香之中法香最大，众乐之中法乐最大，无欲望则胜一切苦！"又云："身如浮云见，法如焰阳显，斩断魔花箭，不见阎罗王。"同时也能够达成今生的一切愿望。博多哇说，永瓦·格西·释迦云丹对三宝坚信不疑，修习佛法，因此，在永瓦地方他是最有声望、最幸福的人；敬安巴也是如此，因此，在隆秀地方他的欢乐幸福和声望最高。如此，修法之人在今生可获得与神仙匹配的幸福。我们坚信不疑地把心交给三宝，如法修行，如法行事，就可获得无上欢乐和幸福。据说有两位居士准备到外地办事，但动身前心里有一种不祥的感觉，于是他们向南海观音祈祷，消除了不祥之感，后来飞机出了事故，机上除了他俩外再无生还者，他们所携带的佛经在一片残骸中完好无损，所有人都惊叹不已。在学习佛法的过程中对皈依法应该格外重视。扎西南杰法王的《禅修次第·月光》云："现在有些人认为，皈依是初学佛法之门，不重视，不好好学习皈依法，很难说是佛教徒，这是不明智的。"不遵守皈依戒律，光在嘴上念诵皈依法是没有用的，应该认真落实皈依戒律，方是上策。

抛弃三宝皈依敬鬼神，
念诵皈依法而无信心，
迷恋邪教迷信的习俗，
神圣三宝祈祷赐加持。
皈依之引导。

二、念修金刚萨埵

直证自心如来藏，
空性稳固而天成；
清除无明垢智者，
噶举上师吾顶礼。

净除罪障法念修金刚萨埵之引导分三：四种对治力，真实念修金刚萨埵，结束语。

（一）四种对治力

对于任何一门知识来说，不懂、不掌握就是障碍，要清除障碍，掌握知识，尤其是在学习佛法的过程中，在相续中生起甚深道之殊胜证相的主要障碍是罪障和习气。为使阿赖耶之明镜显现证悟的影像，净除罪障至关重要。

总的来说，任何罪业若忏悔则没有不能清净的。如古代诸大德说：本来罪业无功德，然忏可净为其德。所以违犯外别解脱戒、内菩萨学处及失毁密宗三昧耶等，无论罪业多么严重，都可通过忏悔而清净。如婆罗门央具理魔罗即指鬘王虽然屠杀了九百九十九人，但通过忏悔，罪业清净后即生获得了阿罗汉果位；又未生怨王虽然杀害了自己的父亲，但后来通过忏悔而恢复清净，结果仅仅感受了如绒线球触地即弹起般短暂的地狱之苦便从中获得解脱等等，佛陀在诸经部中宣说了许多通过忏悔而得清净。所以龙树菩萨说："倘若何人昔日颇放逸，尔后行为举止倍严谨，宛如明月离云极绚丽，诚如难陀指鬘与能乐。"如果具足四种对治力而诚心诚意地忏悔则可清净罪业，但一边东张西望、胡言乱语、自心随其它分别念转，一边口中发露忏悔等仅仅念诵忏悔文或者认为以后忏悔也可以、今后造罪也无妨等，虽然作了忏悔，这样的忏悔，罪业不会完全清净。那么，四种对治力是什么呢？《大乘四法经》云："弥勒，若菩提萨埵具四法，可摧破罪障。四法是什么？是这些，即所依对治力,厌患对治力,返回对治力,现行对治力。”

1.所依对治力

在此讲授与修持实践相关的所依对治力。总体来说,以所依靠的力量来消除罪过就是所依对治力。所依靠的忏悔的对境有很多,譬如在《三聚经》中的三十五佛、药师佛中的七如来、十方菩萨、密宗坛城、上师等前忏悔都属于所依对治力。这里是指以金刚萨埵作为皈依境后具足愿行菩提心。金刚萨埵属于大密乘终极核心部分心类,是善逝总汇,是殊胜的对镜。因此,所有的智者和大成就者都把金刚萨埵作为最殊胜的所依对治力和皈依境。此外发愿行菩提心是一切忏罪中必不可少的,如果没有发菩提心,即使具足四力忏悔,堕罪也只能是稍许减轻而不能彻底清净。如果相续中生起了无伪菩提心,则往昔所造的一切罪业自然清净。如《入菩萨行论》云:“如人虽犯极重罪,然依勇士得除畏,依靠何者速解脱,彼者善人何不依?菩提心如劫末火,刹那能毁诸重罪。”

2.厌患对治力

对往昔所造的一切罪业生起强烈的后悔之心就是厌患对治力。我在今生今世所造的种种罪业,都是为了征服敌人、抚育亲人、自身需要、积累财富等等,当我离开人世的时候,无法带走任何东西,只有罪恶的业障随着自己轮回转世,尝尽苦果。经云:“父母兄弟儿与妻,仆人财产等一切,死后无随自己走,只有业随不离开。”所造的罪恶,将在死亡之前、死亡之时和死亡以后产生各种恐惧,但没有任何皈依和拯救,追悔莫及啊!如果既没有将罪业视为罪业,也没有以强烈的追悔心发露忏悔,则不能清净罪业。如《三聚经》云:“发露忏悔,不覆不藏。”

3.返回对治力

忆念自己往昔所造的罪业,相信罪业之果早晚都要由自己品尝,无法躲避,无法替代,发愿从即日起自己要远离火坑,纵遇命难也不再造这样的罪业。如《三聚经》云:“今后必断,且受律仪。”又《入菩萨行论》云:“诸师将我罪,错误善记住,罪业非好事,今后我不做!”

4.现行对治力

《集论》云:“违缘之业,由强而有力的现行对治力观察,虽已造违缘之果,仍可由现行对治力来转变。”又《如来藏》云:“参禅空性,可减罪恶。”《金刚经》云:“读至深经藏,可消罪。”《三誓》和《善肩续》等经书中说,念诵密咒,可以减轻罪恶。《花叠咒》云:“供奉善逝他,可减罪。”《如来色身章》云:“造佛像,可减罪。”自己所作任何善业,如顶礼佛及佛子、随喜他人福德、一切善根回向菩提、发愿行菩提心、念诵佛经、闻听佛法、抄写佛经等都能减轻罪恶。米拉日巴尊者说:“最好不造罪,如果造了罪,进行忏悔,就好!”又说:“若想忏罪能净否?忆念善法则清净。”最好的办法是发菩提心,护持无伪实相之本体。从前,无等塔波仁波切的一个修行弟子问他:“我往昔以贩卖佛经为生,如今想起十分后悔,应如何忏悔呢?”仁波切说:“造那些经吧!”但是在造经的过程中他经常心思外散,于是又怀着十分沮丧的心情前去上师面前,问:“造经时心思经常散乱,对于忏悔罪业来说,没有比护持本性更甚深的吧?”上师异常欢喜地说:“实际上正是如此,纵然往昔所造的罪业堆积如山,也可于现见本性之刹那获得清净。”因此净除罪业的方法没有比修菩提心及恒时护持无伪之实相二者更甚深的。《律典》云:“所造罪恶,善法可阻,如拨云见日,光明世界。”这里也应在不离此二者的基础上,观修金刚萨埵、降下甘露、净除罪障、念诵百字明等。

(二)真实念修金刚萨埵

1.符号金刚萨埵

如此明观四对治力,吉祥密主云:消除三界众生罪障的最好的方法是修习金刚萨埵。念修金刚萨埵分:符号金刚萨埵、总义金刚萨埵、字义金刚萨埵、隐义金刚萨埵、空性金刚萨埵。《贡噶宁布导师注疏》云:“符号金刚萨埵义,自我以及众生皆,顶上白莲月座上,白色五股金刚杵,放出耀眼之光芒,供奉十方诸如来,消除众生之罪障,收光生金刚萨埵。”如此,自我以及所有众生平庸而住,观想头顶上方由པཾ(邦木)字生出千瓣白莲花;又观想其中央由ཨ(阿)字生出一圆满月轮,所谓的圆不是指其大小尺度,而是指明月的所有部分全部圆满,犹如十五的月亮一般没有丝毫欠缺之意;再观想其上(月轮上)有一个光辉灿烂白色的ཧཱུྃ(吽)字,之后一瞬间ཧཱུྃ(吽)字变成了心的本质白色的五股金刚杵;五股金刚杵放出白色光芒,其上供云缭绕,供奉并欢喜十方诸如来,此光芒又照亮了整个宇宙,照遍所有六道众生,消除了所有众生的罪障,如早霜遇到阳光一般;复又收聚所有光芒,融入金刚杵。这些是符号意义上的金刚萨埵，是表示金刚萨埵，或者说是产生金刚萨埵的基础，是金刚萨埵心之金刚。如云："金刚萨埵心金刚，白色金刚来表示。"

2.总义金刚萨埵

《贡噶宁布导师注疏》云："转化为金刚萨埵，身如洁白的秋月，一面二臂持铃杵，各种宝贝之庄严，圆满报身佛服饰，白色光芒耀刺明，三处文字三金刚，光芒迎来诸如来，融入成为无二别，召纳咒之无二观，为总义金刚萨埵。"此义为金刚杵完全转化成本体为三时诸佛之总体、吉祥具德根本上师，形象为圆满报身的本师金刚萨埵主尊，其身色洁白宛如太阳照耀在雪山上一般，一面二臂，右手持表示明空之五股金刚杵于胸前，左手持表示现空之铃于腰际，双足半金刚跏趺坐，身上以十三种圆满报身服饰庄严，即绫罗五衣与珍宝八饰。绫罗五衣为：冕旒、肩披、飘带、腰带、裙子；珍宝八饰为：头饰、耳环、项链、臂钏、璎珞、手镯、指环、足镯。身体现而无自性，现空犹如水月，或镜中影像，或电视画面中的影像一般鲜明了然。如此自顶上所观圣尊的面向与自己面向相同，以上为所依对治力。这种明观既不是观为唐卡或壁画一般平面的，也不是观成如泥塑、铜塑一般实体或无情物的形体一般。就现分而言，乃至其如眼目的黑白都明观清楚，互不混杂；从空分来说，没有丝毫实体物质血肉内脏等，如同空中显现彩虹或无垢水晶宝瓶一样。如此明观后，观想从其额间、喉间、心间依次分别装饰着的ཨཱཿཧཱུྃ(嗡阿吽)发出光芒，一刹那从本性清净界中迎请真实的金刚萨埵智慧之身和灌顶之五本尊等，用 ཛཿཧཱུྃ་བཾ་ཧོཿ(杂吽邦或)使自己心中生起的观想本尊和迎请的智慧尊合而为一，没有本质区别。对着灌顶本尊观想，ཨོཾ་སརྦ་ཏ་ཐཱ་ག་ཏཱ་ཨ་བྷི་ཥེ་ཀ་ཏ་ཧཱུྃ(嗡萨尔巴大塔卡塔阿比肯杂朵芒)祈祷所有如来赐予灌顶，灌顶本尊持宝瓶为众生消除罪障，而将宝瓶之水灌予金刚萨埵，宝瓶之水注满了金刚萨埵之身，并将溢出的水在五佛之顶以部主之态庄严而坐，灌顶本尊化为光芒融入金刚萨埵，观想成为无二区别的一体。供奉为，ཨོཾ་བཛྲ་ས་ཏྭ་པ་རི་ཝཱ་ར།(嗡巴杂萨朵萨巴哇热)，从金刚萨埵及眷属念诵到供物功德水至音乐为止的供奉颂文，即外内密真实供奉，但是在念颂文里并没有清楚表明。

外供奉等依照普遍的仪轨，各自在心中以意念而供奉。"金刚萨埵大勇士……”等赞颂文可按照前行文念诵，其它一些赞颂金刚萨埵的颂文也可在此念诵。十方三时如来及根本和传承的上师，与大恩根本上师无二无别的怙主金刚萨埵，汝以大智、大慈、大悲垂念我与一切众生，自己从无始以来到现在，身、语、意所造的十不善业、五无间罪、四重罪、八邪罪，违犯外别解脱的律仪、内菩萨乘的学处以及密乘(金刚乘)的三昧耶，背弃世间的盟誓、说妄语、无惭无愧等能亲自回忆的一切罪业，在上师金刚萨埵面前生起惭愧、畏惧、追悔之心，发露忏悔，此外自己不能忆起的，从无始轮回以来生生世世中肯定也积累了许多罪业，不覆不藏发露忏悔这一切罪业，请求宽恕，此时此地，愿一切罪障即刻荡然无存、全部清净。如是观想为厌患对治力。观想自己往昔因愚昧无知造了那些罪业，而如今依靠大恩上师的悲心成为懂得利害之人，所以发愿从今以后纵遇命难也不再造那样的罪业，念诵百字明真言。

3.字义金刚萨埵

经云：“其心月垫ཧཱུྃ(吽)字白，或者五道光芒边，开头嗡字最后阿，余下一百字母绕，十方全部诸如来，聚集真言明咒里，观想真言的本质，口中清晰念真言。”此意义为，观想金刚萨埵心间有一月轮，其上有具有五种智慧的一ཧཱུྃ(吽)字，ཧཱུྃ(吽)字周围环绕着一百个白色亮丽而互不接触的字母。如祈祷般地念诵百字明(百字明真言为：嗡班扎萨埵萨玛雅嘛努巴拉雅班扎萨埵底诺巴底叉知桌美巴哇苏埵卡约美巴哇苏波卡约美巴哇阿努吽埵美巴哇萨哇斯德玛美扎雅叉萨哇嘎嘛色匝美则当协央格热吽哈哈哈哈吙班嘎哇纳萨哇达他嘎达班扎嘛麦母杂班扎巴哇嘛哈萨玛雅萨埵阿)。这些咒语的藏文意义在《曲吉扎巴札记》中有详细解释，其中“哈哈哈哈吙”五字，有的翻译为“笑而又笑”、“狂笑而又狂笑”或“五惊奇”，即一笑为普贤，即所依和能依禅定；二笑为见到本性，即如幻禅定；三笑是明心无二大乐不变和现空无别的双运；四笑为断证究竟，如金刚般的禅定；“吙”字对如此领悟表示惊奇。金刚翻译为对我舍弃或证得解脱。有的把“夏卡”二字置于前面，为“苏埵约”，这样一百个字母中就多了或少了两个字。在经书中没有发现不计开始的“嗡”字和最后的“阿”字的说法，“嗡”字特指吉祥、祥瑞之意，“啊”字意为所有法的规律为无生。百字明是百种姓的核心，是一切箴言、明咒、总持咒的核心，认真念诵这样的真言就是字义金刚萨埵。

4.隐义金刚萨埵

经云："金刚萨埵身金刚，甘露如雨降，真言咒语语金刚，月亮金刚心甘露，降下无始以来的，罪过毁犯等罪障，如同烟炭之汁液，皆从下门处排除，一切魔障以蜘蛛，青蛙蛇和蝌蚪等，微小含生之形象，体内体外极透明，如瓶玻璃满乳液。"如是观想，念诵咒语。从心间的 ཧཱུྃ(吽)字和咒鬘发出光芒，照亮上下周围一切众生，消除所有众生的一切罪障；从上面发出的光芒如同祥云缭绕，供奉诸佛菩萨，使他们欢喜高兴；并观想从他们心中招引智慧甘露融入 ཧཱུྃ(吽)字和咒鬘；从金刚萨埵身体中流出身甘露，从真言咒语中流出语甘露，从月亮金刚中流出心甘露，犹如火融寒冰所成水滴一般源源不断地降下，注满了金刚萨埵体内，又从其右脚大拇趾尖流出，注入自己的头顶；流到自己体外的甘露，清净了体之外因；通过梵净穴流入体内的甘露，把自己自无始以来轮回中所造下的一切罪障，以如烟汁和炭汁的形态，一切魔障以如蜘蛛、青蛙、蛇和蝌蚪等小含生的形象，这一切犹如飞泻的洪水冲走土尘般地，全部被甘露之流毫无阻碍地冲走，从足底、下门、诸毛孔处黑乎乎地排出体外。这时观想自己下方的大地裂开，所有怨家债主男女围绕着死主阎王，它们全都张着口、伸着手、张着爪，一直等待着，上面流出的脓血、烟汁和炭汁等全部冲到他们的口中、手中、爪中，观想这些居于地下的死主阎王等怨家债主全都心满意足了，至此化解了宿怨、偿清了宿债、清净了所有的罪障；于是阎罗王等也都合上了它们的口，收回了它们的手和爪，裂开的大地又复合了。此时自己的身体如同内外透明的玻璃宝瓶或装满乳液的玻璃瓶子，装满了智慧甘露，如是观想并念诵百字明咒。专注观想而认真修炼甘露淋治，是本传承的实践经验。此外，此法还有一些对脉轮的明修等其它修炼方法，因本传承没有这些内容，故此就不讲了。续云："如无禅定，若海中石，劫时念诵，没有结果。"收座次时，念诵"我以愚昧无知故……"等经文，从自己内心深处以对往昔所造的一切罪业生起强烈的后悔之心，进行忏悔和祈祷，避免以后再犯，祈祷消除一切罪障。

5.空性金刚萨埵

经云："金刚萨埵最终言，你的违缘和逆境，一切罪障皆清净，你的身语意三与，金刚萨埵身语意，无二区别之状态，认识心灵之金刚，忽然远离射和收，放在初始之怙主，善业虚空众生利，广大回向事尽成。"念完金刚萨埵皈依祈祷文，紧接着金刚萨埵和颜悦色地说："善男子，你所违犯的一切罪障，自然的本罪，即遮蔽认识真理的一切罪障都已清净，你就欢喜吧！"如此赐予开许后，金刚萨埵化为光芒而融入自身，自己的身、语、意与金刚萨埵的身、语、意融为一体，无二无别，现空双运之义清清楚楚，没有任何改变的初始状态，在根本的、自然的状态之中禅修，这是无法用语言表达的终极的忏悔。《宝性论》云："空性无抛弃，也无何添加，清净可正见，见净可解脱。"此时如果出现分别心，就可念诵："我今速以此善根，成就金刚萨埵尊，令诸众生无一余，悉皆安置于此地"。等回向和祈祷文。如此勤奋念修金刚萨埵，可消除罪过和堕罪，直至出现解脱魔障的征兆为止，都要勤奋修行。这些征兆总的表现为欢喜并精进努力于一切正法事业，减少一切无明。在梦中被牙咬或被角撞，或被武器刺中自身流出脓血，或排出很多不净物，或露出内脏，或洗澡，或洗不干净的衣服等等，都是清净罪障的征兆。从身体内出来各种动物，或从地底下出来各种动物等，是解脱了魔障的征兆。日月星辰同辉，日照飞空，攀爬白色的岩山，攀爬白色的佛塔，爬梯或爬山，身着白色的衣服等是善事增长的征兆；攀爬白色玻璃梯子，没有依靠的空中堆积如山的沙子香囊，敲击大鼓等都是证得地道的征兆。如此，勤奋念诵直到征兆出现为止，是真正意义上的念诵；而没有征兆的念诵十万遍金刚萨埵百字明真言，则仅仅为积累数字而已。

（三）结束语

如此，通过四种对治力能够清净过失和堕罪吗？是的，能够清除的。《涅槃经》云："一善可除多罪。"又云："小金刚可摧毁大山，星星之火可燎原，小毒可杀大动物，小善可清除大罪，应善加经营。"《金光明经》云："若谁千劫数，造下极大罪，如一诚忏悔，这些皆可净。"如此，没有不忏悔而能够消除的罪恶。虽说总体上将罪恶称为"罪障过堕"，但是仔细分析其实还是有些区别的。罪，是自己积累的不善之业的业报使自己痛苦不安的表现；障，是自己不干净的身体、语言和意识，遮蔽了认识规律和本质的表现；过，是对自己的现在和将来没有任何好处，反而引致过失的表现；堕，由于自己造下不善之业，不但没有进步和增上，反而向下堕入的毁犯的表现。因此，《一意法》云：“遮罪性罪，罪堕无别。”也就是说，佛在律经中特意制定的罪过，和佛虽未说，但一经违犯自然成为罪过的罪过没有区别，都是一样的罪过。

在念诵真言咒语时，刚开始一定要认真按照声明学的发声方法准确而清楚地念诵，发音不准或断句错误都有罪过，在念诵时不禁言，或掺杂其它瞎话都是不正确的。《吉祥那若巴念诵咒语诀窍》云：“若鹦鹉般念诵一年，不如禁言念诵一月好。”不仅在念诵百字明咒语时要禁言，在其它法的修行中也要按照噶举前辈的准则禁语而念诵。禁语的取舍可以参阅贡确热纳法王和曲扎法王撰写的《念诵曼扎》和《念诵总宝》，认真体验实修。

寺院举行大法会时也应自始至终禁言，但现在却恰恰相反，这是违背显密教义的。有些经忏师也是一样，在大众中念经、诵咒时尽力禁言十分重要。杂有庸俗绮语的念经、诵咒等没有任何实义，尤其是作超度亡灵等佛事时，那些正在中阴界遭受畏怖、恐惧、痛苦等逼迫的众生为了获利，会满怀希望地跑到上师、僧人面前，那时如果他们不能明观等持也不具足净戒、三昧耶，而是说些贪瞋之语，胡思乱想，杂念纷纷涌现，则因那些中阴身具有神通，知晓后便会对这些上师、僧人起邪见或生瞋心，结果以此为缘而堕入恶趣。此类上师不如没有好。米拉日巴尊者云：“消除恶业之果报，自相续要有戒律；作施主之应供师，悲心菩提心要旺盛；食取亡者之供物，生起见道之功德；超度亡灵作佛事，要有神通和道貌。”尤其是密宗金刚乘所有的仪轨即所谓的“明观生次依句门”。本来明观生起次第的要义必须依靠词句而观想，可有些人对应观的生圆次第之义丝毫也不专注，只是在口中铿锵有力、抑扬顿挫地吟诵仪轨的词句，在念诵的间隙却谈论无聊的事情，开启了众多绮语闸门，吸食百恶之源的烟草，真言咒语夹杂着吹牛和聊天，最后，吹打法器发出巨响，算是念诵仪轨结束。这种念诵仪轨是非常低劣、没有实义的佛事，诸如此类之形象还不如不搞佛事。我们应该好好反思这样祈求皈依的施主和欺骗群众的应供师究竟有什么功德。

对那些遇到紧要关头、备受痛苦、无依无怙的病人或亡者一视同仁，发心饶益他们，以慈心悲心、菩提心摄持而行事，专心致志，精进念修自己所了知的生圆次第法。不能如是了知者也应随着词句忆念意义，至少也应以慈悲心怜悯这些可怜的众生、对三宝生起真诚的信心、定解等，身、语、意三门专一集中精进念诵。如果能做到仪轨念诵音正、清晰、发心清净，则依靠皈依处三宝之大悲力、无欺因果之力以及菩提心的无量功德等，必定会使病人或亡者得利。所以享用信财、亡财时，无论是上师还是普通僧人都一样，不应将注意力仅仅放在肉块大小、油饼厚薄、供养多少上，这样的上师就是狼啊！有言道："破尽法衣挤法场，听到戒律二百五，翻脸显出愤怒相，此等比丘佛不喜；破尽铃杵挤供场，轻蔑生圆次第道，此等行者虽手巧，并非金刚持之徒。"

大部分僧俗群众都认为，佛法兴盛就是寺庙外有漂亮的殿堂，内有众多的佛像，有很多僧人大声地念诵佛经，吹着唢呐，敲着大鼓，跳着羌姆神舞，经忏师随叫随到，然而这只是恭敬佛法而非真正的佛法兴盛。我们仔细观察就会发现，情况并非如此，真正的佛法就是调伏自相续，舍恶求善啊！有的僧人视道场为聚财之地，想尽办法聚敛财物。寺院是清净之地，非聚财市场啊！财富在社会上可以得到，不必弄脏了清净之地。

很多人把佛法和世俗混为一谈，不知道佛法允许做哪些事，不允许做哪些事，因此，在藏地几乎所有人都向有名望的上师寻求灌顶，进入了密宗之门，但却不知如何守护密宗的戒律，而不守护密宗戒律是要下地狱的。经云："入密宗之门，除恶趣和成佛外，无第三条路。"密宗的誓言是不可逾越的金刚誓词，比上两个誓言更多，使自己的身不离本尊、语不离真言、思维不离法身，这就是三不离开法。如果迷恋平凡，就会毁了密宗誓言。如果对治力差、记忆退失，又不明知，毫无疑问，过失和堕罪将多如牛毛。为了避免犯错误，时时提醒自己、回忆自己是很重要的。

现在很多上师都在举行各种各样的灌顶法会，很多弟子也在接受灌顶，但是彼此好像都忘记了遵守密宗誓言，这是密宗败坏的表征。为了对自己负责，还是少接受密宗灌顶为好！据说竹巴噶举著名大成就者竹巴衮勒有一次云游卫藏，见到很多人往山里走去，便问他们往哪里去。人们回答说："我们都去接受灌顶，你也去吧！很好的。"他道："你们求的灌顶要不要遵守誓言啊？若无，我去；若有，我就不去了。"人们问道:"你为什么提出这样的问题呢?"他答道:"我遵守不了灌顶誓言。不遵守誓言就会下地狱,为了不下地狱,我才不去接受灌顶呢!"因此,我们都要明白灌顶的关键。

如果从自身角度看,自己能够依靠精通的生起次第和圆满次第,记忆超群而明知,没有不毁誓的毛病,但是要记住,与毁了根本誓言的人,在言语、行动上有接触,甚至是同饮一条河的水也会降低念诵真言的能量,沾染罪恶,因此,勤奋忏悔是必要的。《忏悔续》说,与毁誓的人在一起或没有忏悔毁誓,对毁誓的人或非佛法具器的人讲法,或不忌讳毁誓,都会使自己冒渎晦气,招致今生的不祥和来世的障碍,要发自内心的悔恨、忏悔。如果自己已精通了生圆次第的要诀,依靠以正知正念明观等未出现过失毁三昧耶的过失,但因与其它失毁根本誓言者交谈、接触往来,甚至共同饮用一山谷的水,也会产生相对失戒、株连失戒的罪过。因此我们应当精进忏悔、净除罪障。续部(《无说义忏续》)中云:"酬补失罪交往失戒者,于失戒非器者宣讲法,不加警惕彼等失戒者,必将染上冒渎晦气过,一切此生违缘来世障,以悔自过之心发露忏。"在僧众集会行列中,虽然只有一个失毁誓言之人,但在场者都将为其冒渎晦气所染,即虽有成百上千的具誓言者(持净戒者),但也不会得到丝毫修持之果,就像一滴变质的奶染坏一满锅鲜奶,或如一只带疮的青蛙可传染同住的全部青蛙。如颂云:"犹如一滴腐牛奶,可毁一切鲜牛奶,失毁誓言之一人,能毁诸具誓言者。"不仅如此,即使是上师、高僧大德、成就者也没有不染上冒渎晦气的。米拉日巴尊者曾言:"酒足饭饱佛教徒,不幸降时很可怜!"有些人虽然没有片刻松懈密宗的三不离开,但是自认为是密宗师,为了消除伤害和怨仇,毫不犹豫地举行诛法仪轨,采用厌胜、焚魔、抛掷朵玛以及运用恶咒和降冰雹等伤害生灵之法,并视其为佛事活动,这是违反佛教教规的行为。

佛陀为解脱十恶怨敌允许采取诛法,但必须是具备三得利之关键,不离菩提心以及完全没有一点自利的人,而不是只懂得一点念诵佛法的人可以做的。没有这样的把握就举行抛掷朵玛仪轨,会使厉鬼作祟,上师减寿,破坏僧团,自食恶果,减少福报,不利于讲修佛法心要的体验等等。因此,《一意法》云:"现实力量而非许诺使用诛法。"如续部中说:"金刚罗刹痛饮其心血,短寿多病失财畏怨仇,长久住于无间地狱中,极其恐怖感受难忍苦。"此外进入密宗金刚乘之门后,无论失毁了根本誓言还是分支誓言,如果每天观修金刚萨埵并念诵二十一遍百字明,则称为加持堕罪,即堕罪所产生的异熟果不会越来越增长。如果念诵十万遍百字明则可彻底清净一切堕罪。如《庄严藏续》云:“妙观白莲月垫上,上师金刚萨埵尊,依照百字明仪轨,倘若念诵二十一,即将加持堕罪故,使其不复得增长,诸成就者所宣说,恒时精进当修持,倘若已诵十万遍,必将清净诸罪障。”忏悔可以消除罪恶。声闻乘中说:“若犯一次根本堕罪则如瓷器破碎一般,无法恢复。”破菩萨戒则如珍宝用品破碎一般,若珍宝用品破碎了,可依靠精工巧匠得以修复,同样,依靠他缘善知识可酬补菩萨戒。密乘戒则如稍有凹陷的珍宝用品一般,自己依靠本尊、密咒、等持进行忏悔也可清净无余。如果违犯后即刻忏悔则容易清净,时间拖得越久则罪业会越来越增长,到时候就难以忏净了,超过三年则逾越了忏悔的期限,即使作忏悔也无法清净。

因此,法王觉巴大师之不共实践经验认为,完全以慈悲菩提之心,拿东西的时候先出左手,走路的时候先迈左脚,一切以左为先的原则的方便和诀窍。每天睡觉前回忆当天所做的善事而随喜、恶事而忏悔,是实践佛法的每日很重要的功课之一。续云:“不知三具聚道,很难修炼要害。”《善成续》又云:“每天所作放荡事,夜晚个个要忏悔,夜晚所作白日悔,所做善事满喜悦。”觉巴大师曾言:“外忏悔,念诵三遍总忏悔经;内忏悔,念诵百字明;秘密忏悔,禅定中求灌顶;究竟忏悔,禅修大法印;这样从根本上消除一切罪恶。”根据每个人的不同根基,选择不同的忏悔之法,消除一切罪恶,今生获得大法印之果,慎之又慎啊!金刚萨埵是集百部于一部之自性(即百部之总体),称为大密一部金刚萨埵。浩瀚无垠、不可思议的一切寂静、愤怒本尊也全都包括在金刚萨埵之内。因为本体观为根本上师,所以也包括了上师瑜伽,称为珍宝总集之观修法,是极其甚深究竟之法。如前所说,密咒也没有比咒王百字明更殊胜的。因此我们应当了知何处也没有比此更甚深之法。

虽见罪恶对治然不知,
虽欲修行然不得要领,
虽受灌顶然不守誓言,
罪恶行为悬崖勒马吧!
念修金刚萨埵之引导终。

三、积累资粮

悟得法皆无真积资粮，
远离根后轮休修禅定；
悟得基果一味持次第，
噶举诸位上师我顶礼。

积累资粮之引导分四：供曼荼罗的意义，正式供曼荼罗，七支供、古萨里积福。

（一）供曼荼罗的意义

如果没有圆满福德资粮和智慧资粮，则无法获得或悟得准确无误的自心大法印的本性。我佛释迦牟尼在三大阿僧祇劫中积累了资粮，我们也要积累资粮啊！如佛律经中说："要修福德之资粮，不修福德成痛苦，勤修福德资粮者，今生来世获安乐。"又说："有福之人，心想事成，为魔不侵，速得解脱。"为了获得今生和来世的一点安乐也需要积累福德，对无上的菩提就不用说了。因此，必须圆满积累福德资粮和智慧资粮，不积资粮就无法在自相续中生起真实的本性。如经中说："乃至殊胜二资未圆满，尔时不能证悟胜空性。"虽然已现量证悟了空性，但直至未获得圆满正等觉果位之前，还必须使修道日益增上，此仍然需要精勤积累福德资粮和智慧资粮。又云："当知胜义俱生智，唯依积资净障力，乃与具证师加持，依止他法诚愚痴。"如大瑜伽士帝洛巴尊者说："吾儿那若巴，此现缘起生，未证无生义，莫离积二资。"瑜伽士比若巴也在道歌中说："虽具不希世俗佛果大把握，然应尽力精勤不断积福资。"玛尔巴译师云："不勤积累福泽，怎获解脱之安了！"米拉日巴尊者云："虽自我圆满修福忏罪，但要积累小福。"又云："不积累对等的二资粮，莫要指望对等的觉悟！"无等塔波仁波切也说："虽然积资净障本来清净，却应从细微资粮开始积累。"帕木竹巴大师曾言："方便和智慧如同鸟之双翼，到达目的之处获安了！"阐明了二种资粮双运积累的道理。直贡法王觉巴大师云："您周围的人，积累福德和智慧两种资粮很重要啊！"先辈上师都谆谆教导我们要积累资粮。

《喜金刚》云："无法言语之俱生，别处无法找寻到，只有上师诀窍和，自我积累的资粮。"根据不同的根基，佛陀以善巧方便大悲宣说了不可思议的积累资粮方法，其中最为殊胜的即是供曼荼罗积累资粮的方法。以前噶当派的先辈大德都是通过供曼荼罗来积累资粮的,我们这个珍贵的传承系统也是将其作为所有至深法的前行而予以非常重视。曼荼罗直译为“坛城”,意译为“摄取精华”。坛城为万物生死轮回涅槃的精华,在没有任何条件之下供奉这些精华,摄取吉祥就是曼荼罗。供养和供奉也是曼荼罗,是积累资粮的方法。这是不用牺牲自己身体而积累资粮的最好的办法,应该好好实践。

(二)正式供曼荼罗

正式供曼荼罗分所修曼荼罗和所供曼荼罗两种。

1.所修曼荼罗

曼荼罗所用的材料,可以根据自己的经济条件来决定,上等为金银等珍宝,中等为青铜铁等金属;下等用石板、木板等光滑的平面的器具也可以。若为珍宝,则为中间高周围低,高于四指即可;若为土木之板,则不低于一肘高度。所摆放的供堆,即供曼荼罗所用的物质:上等为松石、珊瑚、青金石、珍珠等珍宝;最下等者也可仅以碎石、瓦砾、沙粉等为所缘境。无论用什么东西作供堆,都应当认真擦拭曼荼罗的基盘,不要有黑点和污垢等不洁之物。在擦拭曼荼罗基盘的同时,念诵“如此无尘之曼荼罗……”等经文,观想其意,用芳香之净水浇淋。用珍宝或青稞等洁净之供物, 在所修曼荼罗的基盘中央和四边放置五堆,观想此五堆供物在刹那间化为狮座、莲花和日月等四垫五叠之宝座。中央一堆观为金刚持,周围由根本上师和传承诸上师围绕;东侧一堆观为胜乐金刚,由四续部诸佛环绕;西侧一堆观为释迦牟尼佛,由贤劫一千零二尊佛围绕;南侧一堆观为光芒闪烁的方格架,架中层层叠叠置放《般若波罗蜜多经》等法宝经函;北侧一堆观为八大佛弟子,由大乘(菩萨乘)圣者僧众围绕;其间隙的空处皆为护法神,如同观想皈依境。如此清晰观想并迎请、召引、纳入、栓系、揉制、供奉,并忆念三宝之功德,如同皈依般赞颂。如有供奉曼荼罗的供物,则必须堆放,如无则在所供奉曼荼罗时堆放也可。无论如何应将所修曼荼罗放在供台上,如果有条件则应设置五供,等环绕其周围;修行未结束前不可拆除。若无任何所修曼荼罗之经济条件,则以皈依境等所依亦可。

2.所供曼荼罗

安置供堆

曼荼罗和堆放物质如前所述，去除黑点和裂痕等毛病。如不去除会给修行者带来麻风等疾病；不用芳香之净水浇淋，则为修行者将来不出生在陆地之缘起，因此，用芳香之水浇淋也很重要。昔日，直贡法王曲吉尼玛①和白玛坚参②曾用自身鲜血浇淋曼荼罗，其虔诚之心可见一斑。安置的供堆要中间高而周围低，供堆太接近边缘，则修行者将来会出生在蛮荒边地，太集中则又给修行者带来心脏病等疾病，故适度为宜，藏巴甲日大师③如是说。如是，念修“无尘之曼荼罗……”等经文，并擦拭曼荼罗，右手取一点青稞，左手执持曼荼罗，用右手腕不断擦拭基盘。同时内心专注所缘，不散他处而念诵百字明真言。擦拭曼荼罗基盘的原因，并不是曼荼罗基盘上有不净之物，而是通过此苦行的方式，净除自相续中二障的垢染。所以，历史上噶当派诸大德在修曼荼罗时，先用手腕内侧擦拭基盘，擦到皮肤起疱生疮时，便用手腕侧面擦拭，又擦到起疱生疮时再用手腕背面擦拭。摆设供堆之法，最早为依据《大法印五支道教授·宝鬘》和《大法印五支道教授·明灯》等噶举先辈标准，唯一践行七支供。法王热那以后，依据《大法印五支道教授·曲扎教诫》而修三十七堆曼荼罗仪轨为主。同时左手持曼荼罗基盘，右手洒芳香净水，念诵“嗡班扎布米阿吽”，右手拿一小撮，“嗡班扎日客阿吽”等。中央为须弥山，四方为四大洲，依顺时针方向堆放八小洲至三十七堆圆满结束为止，要依据贡确俄顿嘉措经师的做法堆放，这是本传承的传统。其质量和形状要牢记《大法印五支道教授·曲扎教诫》所言，观想的方法也要依据贡确俄顿嘉措经师撰写的《二资粮宝瓶》，这是本传承纯洁无瑕的传统。现在流行一个寺院一个做法，一个领诵师一种摆法，对此笔者持怀疑态度。

境相

圆满完成三十七堆曼荼罗仪轨后，当念诵到“将此等圆满之人天受用供养……”经文时，将手中的曼荼罗基盘右转，其东面朝向所供曼荼罗，由圆满摆放而清净的净土给予自己灌顶，讲述续部、词语一切至深诀窍，恩泽很大。因此，毫不犹豫、毫不吝啬地将自己供奉给获得成就者根本上师宝、深观传承、广行传承、语旨实践传承、觉悟意之传承、修行加持传承、无等塔波噶举传承持有者、为自利或他利而修法的无可比拟的大德们，以及以胜乐金刚为主的四续部坛城诸佛、释迦牟尼等贤劫诸本尊、三藏四续等佛法经典、三宝、消除障碍的勇士、赐予成就的空行母、护持正法的护法神等等。如此将世间万物所有一切供奉，但还是无法切断我执，而我执的根本就是自己的身体，如果上师和三宝需要自己将血肉作为供奉物品，那么毫不犹豫地将自己的身体和所有财富奉献给上师才是最为殊胜的圆满资粮。觉巴·吉天颂贡法王曾云："怙主啊！向您供奉我的身语意、能够装满整个虚空的一切财富以及三时积累的一切善业，请您为众生笑纳吧！"有人认为，用意念供奉世间美好的一切属于偷窃行为，这是不对的。这是我佛方便善巧之法，是积累资粮的殊胜方法。寂天菩萨说，如同天空般无边无际的、无法用手抓住的一切东西，可以用心灵摄取，并供奉给佛与佛子。此外，财物供奉、主人完全支配的供奉、无上供奉、赞美音乐供奉等都属于曼荼罗供奉。觉巴大师说道，在无边的佛的净土中，自己能够把握和不可掌握的一切供物，能够供奉的一切都用心灵来摄取，献给怙主！

分类

三身曼荼罗：《俱舍论》云："太阳月亮四大洲，须弥山王妙欲天，梵天世界数千个，计为小千之世界，如是千数称二千，称为中千之世界，如是千数称三千。"如前安置供堆时所述之四大洲、须弥山及梵天等算为一个(世界)，如是千数称为一千小千世界；拥有千数四大洲世界的一小千世界算为一，如是千数的小千世界称为二千中千世界；中千世界算为一，千数的中千世界称为三千大千世界。其中有百亿四大洲世界，是一个佛化身的所化刹土，譬如释迦牟尼佛所化的刹土称为娑婆世界。我们应观想无数不可思议的，此类刹土中所有殊胜的人和天人资具、轮王七宝等有主、无主的一切(欲妙)，以及自己的身体受用、寿命福德、权利地位、三时所积累的善根、幸福安乐之物等所有最喜爱的一切都毫无保留地堆积一处，并以没有芝麻许贪爱执着之心供养上师化身尊众，以上是共同化身曼荼罗。

再观想无数个五大庄严刹土，全部是由不可思议的良田、无量殿、嬉女等无量供养天女严饰，以此供养上师报身尊众，这是不共报身曼荼罗。

将无生法界、基果无别、大天成、自身光芒光明无碍安立为曼荼罗的基盘形式，所显现的四相等一切分别识俱安置为供堆的形式，以此供养上师法身尊众，这是殊胜法身曼荼罗。

有人认为三身曼荼罗属宁玛传承专有法，其它传承则没有此法，其实不然，三身曼荼罗在别的传承里也有实践，本传承也由此修法。觉巴大师云："三身坛城极清净，无染圆满极满溢，供奉三时佛净土，悲心之主您接受！"本传承在至深上师修法中还有外曼荼罗、内曼荼罗、密曼荼罗和真实曼荼罗的分法和修法，但是对初学者来说，最重要的是好好修行外曼荼罗，其他曼荼罗修法就不讲了。

所供曼荼罗放在所修曼荼罗正前方，站起来后，磕头的同时念诵"涂香鲜花遍大地，须弥四洲日月饰，观想佛刹作供养，愿诸众生行佛刹……"、"三身圆满……"等经文，积累曼荼罗。

最后，如同修行皈依境，观想福田融入自身而入定，这就是智慧资粮。座次中间可以从事别的工作，重新修习坐禅时要洗手，将所供曼荼罗又绕到自己面前，已得成就想。如果难以坚持三十七堆曼荼罗仪轨，只要实践所供七堆曼荼罗也是可以的。

教诫

无论修哪一种曼荼罗法，以最初前行发心、中间正行无缘、最后后行回向印持，即以三殊胜摄持十分重要，这点与其它修法相同。如果自己有足够的财富就不用旧的五谷来供奉曼荼罗，这很重要。要干净而用香水浇淋，明明自己有财富而只用境相所依意念供奉，或用剩菜、剩饭、破衣、陈旧及腐烂等不好的东西供奉，别说圆满资粮，就连现有的一点福报也会折损。如此供曼荼罗期间，以青稞、小麦等谷物供曼荼罗时，如果有条件，绝不能重复使用已经供过的粮食来作供养，而应每次都以新的粮食作供养。若没有条件则可根据实际情况适当更换所供的粮食及供品。生活极为贫穷的人，则可重复使用粮食作供养。无论如何，应当先清除其中的土灰、稗子、鸟粪等杂质，做到所供物清洁，并且用藏红花等妙香水浸湿后供养。

对于没有任何财富的贫穷者，并且能够真正观想"一尘中有尘数刹土"而作意念供养的利根者而言，佛经中开许可以土粉、瓦砾等作供养。但本来拥有财富却舍不得用来上供下施，而以诵咒、观想等种种理由不作真实供养，并且自以为是的那些人，就不可能圆满资粮，反而成为吝啬之源。因此绝不能将自己的残羹剩饭等肮脏物作为供品，或者好的青稞自己食用，渣滓作为供物或磨成糌粑作神馐食子，这样会折损自己的福报。如往昔噶当派诸大德曾说：不应自己享用新鲜的部分而将发霉的油饼、发黄的菜叶等供养三宝。

现在有些人，用旧的或粗糙的糌粑作供奉，而自己享用新鲜细软的糌粑；用旧酥油或变质的酥油作神馐，或做成酥油灯供养，而自己食用新鲜的酥油，这些是耗尽福德之因，所以必须断除。同样，做神馐、食子等时，其软硬程度应当与自己食用的一样，不能为了简便易行而做成软绵绵的食子团。如阿底峡尊者曾说："藏人不会富足，他们做的食子团太软了！"尊者又说："在藏地，仅仅以水积累福德也已足够了！印度过于炎热，因此没有西藏这样清凉洁净之水。"如果自己能够精进，那么以供养清净的水来积累资粮也有不可思议的功德。如是自己动机纯良、尽其所能、清静悦意而供奉，则供曼荼罗就具备了六波罗蜜多。泽达热导师曾言："黄牛的粪尿等都为布施，用水清洗擦拭为持戒，清理蝼蚁杂质为忍辱，勤奋努力此道为精进，刹那不散专注为禅定，清晰不乱观想为智慧。"[①]如此，供曼荼罗时认真地用香水擦拭为布施，圆满而洁净为持戒，基盘没有破损、没有蝼蚁杂质为忍辱，不懒惰行为为精进，精神不分散而专注为禅定，供堆和图画等清晰准确为智慧。这样供奉的曼荼罗就具备了圆满资粮，勤奋修习才是关键啊！没有积累资粮就没有福报，因此，必须积累资粮。《善知识者传记》云："谁向三宝衷心地祈祷，恭敬侍奉供奉等事业，长寿无病心想事也成，转轮王之吉祥众生怙，获得无可比拟圣贤说。"因此，要积累物质形态的宫殿园林、卧具、日用品以及非物质形态的福德等等。想要酥油就要搅拌牛奶，搅拌河水不可能得到酥油。没有圆满二种资粮，则无法获得具二清净之佛果。如龙树菩萨说："此善愿诸众，圆满二资粮，获得胜二身，由福慧所生。"圆满有缘福德资粮，获得殊胜色身，圆满无缘智慧资粮，获得殊胜法身。

---

① 曲吉尼玛(1755–1792)，第二十九任直贡噶举法王。

② 白马坚参(1770–1826)，第三十任直贡噶举法王。

③ 藏巴甲日大师，竹巴噶举著名大成就者。

(三)七支供

在显宗和密宗里都讲到七支供,是迅速积累福德和智慧资粮的殊胜方法,是真正的智者和成就者的心要。这是一个特别重要的事情,因此在供曼荼罗时,要按照《华严经》所说的"顶礼供养忏悔罪业,随喜传法不入涅槃,我所积累少许善业,皆为圆满菩提回向"而积累资粮。

1.顶礼

顶礼就是磕头,一般的佛教仪轨中都有,在讲授皈依、供曼荼罗和发心时,顶礼是很重要的内容。顶礼的目的是对治傲慢。顶礼分为身语意顶礼、恭敬顶礼、习惯顶礼和见顶礼等,这里主要指身语意顶礼。顶礼时要做到身体恭敬地顶礼,语言恭敬地赞美和祈祷,思想恭敬地有完全服从的意识,如果精力分散、东张西望、身体歪歪扭扭地顶礼的话,则除了锻炼身体的作用外,没有其它意义。

顶礼时合掌要中空,象征吐出嫩芽的莲花,不能掌心对实,或者仅仅触碰手指,这样合掌是不对的。《大解脱经》云:"犹如莲花之初开,双手合掌于顶上,无边身体如供云,向十方诸佛顶礼。"首先合掌放在头顶处,表示清净自己以身所造之罪业;然后合掌于喉间,表示清净自己以口所造之罪业;最后合掌于心间,表示清净自己以意所造之罪业;接着是五体投地,额头、双掌和双膝同时触地,表示清净五种无明障碍,获得了身、语、意功德、事业五种加持,同时有软化体内脉络、减少疾病等作用。站立时腰要挺直,不能有腰弯曲、手乱摇、低头等不符合要求的姿势,也不要在不平整的地方顶礼,而普贤顶礼之法就是五体投地。以上这两种顶礼方法都要实践。在我们世俗的生活中都要向领袖、国王或权贵行标准的礼仪,更何况是无上珍宝的佛法了。

顶礼的功德是不可思议的,如经云:"貌美好而语雅,人天欢而摄众,交贤德而威严,得善趣而受用。"顶礼共有十项功德。顶礼有不同的方法,有五指交合,有四指交合等等,本传承顶礼的方法就是依据巴琼仁波切[①]的做法。皈依佛法后一定要从磕头等细微处开始学习。从前至尊米拉日巴前往俄喇嘛[②]处学习佛法时,恰遇俄喇嘛在讲经,他从远处向俄喇嘛顶礼,俄喇嘛很欢喜地脱帽回礼,并问:"那边那个人顶礼的姿态很像玛尔巴上师的弟子,问一下他叫什么名字?"学佛一定要做到像米拉日巴尊者那样,从细微处着眼,一丝不苟。佛经说,磕一头的功德，超过自己身体所占面积从地表直到地核为止等量的尘埃数，等同转轮王所享用的荣华富贵。如来的顶髻也是向上师顶礼的结果啊！

2.供养

克服吝啬就要修行供养法。如前教授供曼荼罗时所述，平时供佛时，供品的多寡与质量可视个人的经济能力而定，但要按照显密经典的要求，供品要干净、不造作，行为不懒惰、不炫耀。

外供养观想为普贤供云会供如天空、如大海般无边无际，直到轮回未尽，不会消尽；内供养为自身血肉供奉，如古萨里法；秘密供养为一切万物为大乐纷繁的游戏；真实供养为从事物本真规律的角度供奉等等。

总之，按照各自的仪轨进行即可。一切自己能够掌握和不能掌握的东西都可以作为供品，除了实物供品以外，还有心所观想的供品。平时，看到的美丽的鲜花、清净的水或绚丽的风景、漂亮的房屋都可以用观想的形式来供佛。不要认为自己没有财富不能供养，一切美好的东西都可以用观想来供养。如果愿意做，供养就是这么简单，积累资粮也是这么简单。

3.忏悔罪业

克服愤怒就要忏悔罪业。忏悔的方法就是在教授念修金刚萨埵中所讲的不离四力的基础上进行忏悔。以下这些重大的罪业一定要好好忏悔，如十不善业、五无间罪、五近五间罪以及四重罪等，在此讲讲四重罪。

所谓四重罪就是违犯重罪、讥毁重罪、邪妄重罪和诽谤重罪。其中四违犯重罪在世间法中以违犯盟誓为重罪，在声闻法中以违犯戒律为重罪，在菩萨戒中以违犯教戒为重罪，在密宗戒中以违犯誓言为重罪。四讥毁重罪为由于无明而讥毁圣像为重罪，由于傲慢而讥毁真言为重罪，由于嫉妒而讥毁圣友的功德为重罪，由于偏见而取舍佛菩萨为重罪。四邪妄重罪为接受大禅师的磕头，接受智者前的座次，接受苦修者的食物，接受密宗师的财物。四诽谤重罪为法皆一味而宣扬唯我独尊，本性清净而引发争论。五无间罪中出血为重罪，十不善罪中邪见为重罪。八邪妄为干犯信者团体、干扰善者心愿、贬低善法、褒扬恶法、背离上师、不悯亲友、背离本尊、中止坛城对治观修；前四种为外邪妄，后四种为内邪妄，此等罪业必须要忏悔。觉巴大师曾言："法皆初始心性为清净，显现自他好恶分别见，一切贪恋嫉妒纷乱心，分别忏悔各自清净吧！"

4.随喜

克服嫉妒之心就要随喜善业。随喜一切佛与佛子、僧侣与信者等行善之士过去所积累的善业，未来将积累的善业，现在正积累的善业。总而言之，一切归入二谛范围的善业及自己所积累的善业都不掺杂任何嫉妒之心，从心里由衷地赞叹道：他真能干！做了多么好的善业！我若能这样做多好啊！觉巴大师曾云："三时如来及圣众，所转未断二资粮，众生所作一切善，欢乐之心随喜吧！"经云："三千山河可称量，随喜善业无法量！"

5.请求传法

克服无明之心就要请求转法。一切佛与佛子皆获得了自身利益，即获得了法身果位，但仍然马不停蹄地为消除众生的无明而在无量刹土中转动法轮。我们观想自身变成无数个身体，一一到十方诸佛的刹土中，在尚未传法的诸佛座前请求传法，就如同释迦牟尼佛成道后七七四十九天内不传法，其时梵天和帝释天请求世尊转法轮一样，继而观想诸佛应允了我们的请求。觉巴大师云："怙主您在十方世界中，妙音如同大海之咆哮，转动纯洁无瑕之法轮，一切众生皆得成熟吧！"

6.请佛不入涅槃

克服贪欲之心就要请佛不入涅槃。当释迦牟尼佛即将涅槃时，有一位居士请佛住世，佛就延长住世了三个月。同样，此处要观想自身变成无数个身体，一一到十方诸佛刹土中，在某些度化众生事业即将结束的佛菩萨座前祈请住世，接着观想佛菩萨答应并且继续住世。对自己的根本上师等这个净土中的佛法导师也作同样观想、祈请。觉巴大师云："一切安住净土之怙主，直到某日天空消失前，请求不入涅槃佛住世，圆满心中转法之誓言。"

7.回向

① 黄牛的粪尿等都为布施：这是印度的一种习俗，印度视黄牛为神圣者，把黄牛的粪尿当作圣洁的东西而供奉。

克服邪见之心就要回向。发心和回向的大小不同,佛与菩萨的事业大小就不同,因此,回向和祈祷是非常重要的。塔波拉杰法王曾云:“我们过去不是没有做过善事,而是流失虚耗掉了,关键是不知道怎么回向的原因啊!”诚然,自无始以来,我们也曾做了大量的善事,但是由于没有正确地回向来保存善业,或向别人显耀自己所做的善事,或为今生的利益而回向,或为所做的善事而后悔,以上四种情况都将导致善事流失。

愤怒也会消耗没有回向的善业,寂天菩萨云:“千劫之积累,如来供施等,一切之善行,一怒化灰烬。”俗话说:善被显耀而失,恶被忏悔而失。善事是不能显耀的,也不能反回向,觉巴大师曾云:“不回向轮回之因果,声闻与独觉。”以此作为回向的对象就会流失善业。因此,回向是要有证人的。《普贤行愿品》云:“真实地观想一切佛。”《入菩萨行论》云:“如来与诸菩萨,无时无碍能目睹。”回向需要佛和菩萨等作见证。

回向什么呢?别的传承以自我及轮回者在三时所积累之善业为回向,而本传承依据《一意法》以一切轮回涅槃所积累之善业为回向。也就是说,使所有轮回六道众生在过去所积累的善业、未来将要积累的善业、现在正在积累的善业;以及自己在过去所积累的善业、未来将要积累的善业、现在正在积累的善业;佛、菩萨、上师和护法等在过去、未来和现在所积累的一切善业集中在一起回向,这是其它传承没有而本传承独有的回向方法,依据为《三聚经》中“我将无上智慧之善根所在”之经句,是本门传承之特色,该经书记载说,这是一切三时如来所作的回向,我们应认真照此回向。

如何回向?要用三轮无别之智慧来回向,也就是说,于一切事物的本身、能作、所作三者,均不起执着分别之心来回向是无毒回向,否则为有毒回向。有毒回向与空性融为一体就是断见,是不允许的。经云:“如同饮食有毒之美食,善法观想也如此。”觉巴大师曾云:“所作回向、能作回向和回向的对象都融入空性吧!”这是回向不流失而转变轮回因力之诸善根成为大菩提因,增长有尽之诸善根成为无尽的方法,必须非常慎重。不知道以三轮无别之智慧来回向就无法知道“五支道法”回向,如同一般的回向,将会貌合神离,这是非常重要的关键点,必须注意。

所做的善事无论大小,不能回向今生的福报,而要回向如来果位,这将成为无尽的宝库。《入菩萨行论》云:“别的善如芭蕉,结一果而枯萎,菩提心宝树,果实无尽而增多。”善事需要马上回向,否则会被别的意念左右而流失。觉巴大师曾云:“二种资粮如意宝,如不誓愿的清洗,不出如愿之结果,请注意最后的回向!”如是,需要认真体验和修行。如不转变回向,所做善事也不会成为菩提之因。格西·康巴隆巴曾云:“有漏的善业都没有授记,为众生发大愿吧!”为亡者所做的善事没有回向也不会收到实际效果,就如同广严城饿鬼的故事。至尊米拉日巴曾云:“你们这些俗人所做的善事在中阴真的能起作用啊!”法王塔波拉杰也曾云:“善愿无欺骗!”如果为佛法的昌盛和圣僧的安康长寿而回向,也会使僧伽繁荣,佛法兴盛,世界太平。至尊米拉日巴曾云:“山野修行之禅师,提供食物之施主,有共证佛果的因缘,此因缘的核心是回向。”无论做任何善事,在最后作圆满回向是成为菩提之因的根本所在,我们要时常不忘最后的回向。以上所讲是“七支供”外层的教授,其内层意义和秘密意义并非为初学者能讲授的,这里就不讲了。

“直贡噶举特法七支大供类”是其它传承没有的殊胜法门,我们这个传承也是七支供的传承,因此需要倍加珍惜而永远继承。法王直贡巴曾云:“我是由七支供成就的,从前修了无量数七支供,才有现在的善报,你们也要倍加珍惜七支供!”又云:“善报不可思议地增长,我曾由七粒米布施的果报统治了自三十三天界下的众生,也曾因供奉一个没有盐巴的糌粑团的果报转生为明胜国王等等, 我们需要积累资粮,如果我们为今生积累资粮就会流于世俗,要有出离情绪,以纯良之心从法,在没有固定居所、朋友和地方之处,以为修正法死亡而高兴,为修正法生病而欢乐之心情,刻苦修法吧!”一位弟子曾问无等塔波仁波切:“如今末法时代,对于一个修持正法的修行人来说,很难得到衣食资具,我们该修财神法还是摄生术?或干脆走向必然的死亡?到底怎样才好呢? ”仁波切答道:“虽然修财神法,但若没有往昔的布施果报,也

---

① 巴琼仁波切(1900–1988),第35任直贡噶举派禅修导师。

② 俄喇嘛,玛尔巴大师的四大弟子之一。

难以达到目的，而且内心想如理如法修行的人，为了今生利益去修财神法，其所想所行也是相违的。摄生术也是一样，在繁荣兴旺的古代，土石水木等营养充足之时容易修成，而营养已殆尽的当今时代，修摄生术也不可能获利。趣入必然的死亡也没有利益，像如今这样的暇满人身将来难以获得，可是如果内心深处真正生起一种‘死与不死都无所谓，我决定修行’的意念，则永远也不会缺衣少食，未曾有过修行者被饿死的先例。”世尊也曾说：“纵然发生一藏升面粉兑换一藏升珍珠的饥荒，佛陀的追随者也不会缺衣乏食。”

如果能够放弃今生的荣华富贵，由于正法的恩泽而幸福自来。如同点火之时，炊烟自然产生；搅拌酥油，奶渣自然产生；播种青稞，禾秸自然长出一样。《圣道宝鬘》云：“对佛法信心、仰慕、欢喜或持其形式者，也为大家所喜欢而供奉，是佛法的功德；抛弃了所有喜欢的东西，出家为僧，隐藏在深山古寺之中，但也会有丰富的生活必需品，是佛法的功德。”

（四）古萨里积福

在显宗和密宗里都有瑜伽师布施身体来积累资粮之法，即古萨里修法。这种修行法在噶举传承里称之为“古萨里积福”，并非其它传承所称的“断法”。

1．认识

《一意法》所载“无比修持瑜伽内在积福”，就是指古萨里修法。瑜伽师以布施自己的身体来积累资粮的实践源自玛尔巴译师和米拉日巴尊者，并由塔波拉杰继承，赐予帕木竹巴，帕木竹巴大师又将此传承毫无保留地给予直贡法王觉巴大师，这是本教派无比珍贵的至深法门传承。所谓的“古萨里”又称之为“古索鲁”，有人释为乞丐之义，但法王曲吉扎巴释为“善者”，其义为，舍弃现世的瑜伽士、住山者等无法获得其它用于积累资粮的受用之人，依靠观想而供施自己身体的无上修行方法。即辛辛苦苦、勤勤恳恳所积累珍惜的一切物质也都是为了滋养自己的这个身体，对此每个人必然珍爱自己的身体胜过其它一切受用。所以为了断除对身体的爱执而供施身体，比供施其它物质更为殊胜，功德更大。如颂云：“供施马象成百倍，供施妻儿成千倍，供施身体十万倍。”此法曾由帕木竹巴大师实践，具备了完整的前行、正行和后行的修法,觉巴大师称此法为至深之法,并由法王仁青平措[1]合集,便于学习修行,本传承参照此法本修行即可。

2.修持

为了如虚空般的所有众生得到欢乐,远离痛苦,获得无比珍贵的佛果,我们就要毫无怀疑地修持在所有积累资粮法中无可比拟的,没有沾染任何罪过的瑜伽师布施自己身体来积累资粮的古萨里修法。

如此发心后。正式修行为,观想ཨོཾ་སྭ་བྷཱ་བ།(嗡梭巴哇)咒语使轮回涅槃的一切法皆为本性自空,在这种状态下念诵ཕཊ(呸)字,观想自己自初始以来就为瑜伽母本性的神识,经过中脉从梵净穴完全出来后,自己的身体立即变成一具尸体而骤然倒地。并观想此尸身已不像往日的身体那样,而是极为庞大、肥壮、滑腻、润泽的,具备无妙欲特征等,用清楚的语言念诵经文并观想修持。在使四方宾客欢喜之供奉物品上方安坐着金刚持、根本传承上师,中间是本尊圣众,下方为勇士、空行母、护法以及地方神、土地神等,还有六道众生中业已消尽成为瑜伽母之身者,于其下方大地上观想八万种魔众、十五种小儿饿鬼等魔众为主客的三界六道一切众生如日尘般密集,他们享用了各自所喜欢的供品,从而修行者圆满资粮,净除罪障,所失誓言也得以清净,还清负债,消除违缘,具备顺缘,所有六道众生和鬼神都已消尽恶业,步入解脱大道,知晓取舍之道,皈依三宝,使三界轮回的众生都得到解脱。此观想要娴熟,心量就要大。一般断法论典讲了素、荤、黑三种斋,本传承无需此三斋,如此观想即可。

最后进行广大布施之回向,念诵བཛྲ་མུཿ(班杂木),各自平和欢喜地离去。在ཕཊ(呸)声中坐禅于空性大法印之中。在其它断法修行中需要断法帽、熊皮眉帘、扎玛如鼓、铃铛以及胫骨号筒等各种法器,但是本传承无需此等法器,观想即可。在此修法中不用这些法器无碍大事,因为修持此法的印度大成就者,噶举玛、米、塔三先祖及帕木竹巴、觉巴大师,直到本人的根本上师为止,没有一个由于不用这些法器而妨碍修行的,因此本门弟子皆可放心地按照先祖之法修行。

3.训诲

当今时代有些自诩为断法者的人认为,所谓的断法即是通过残杀、砍剁、殴打、驱逐等手段彻底消灭那些凶神恶煞的粗暴事业。所以他们时时刻刻都是盛怒逼人、唯生瞋恨、骄傲自满，好似阎罗狱卒一般，并且对病人等行断法时也是以怒不可遏的粗暴行为，瞪着碗大的双眼、怒目而视、紧咬下唇，好像要殴打病人似的，以为这样做就降伏了神鬼，其实这种做法根本就不是佛教的做法。

佛教将所有众生都视为自己的母亲，尤其是对那些自初始以来种下恶因、被恶业推动，在狂乱和痛苦中轮回，由于内心不净而造成所有外境为仇敌故而伤害别人，一旦死亡立刻转生到恶趣的猛烈神鬼，要发大慈大悲的菩提心，用观想之法布施自己的身体，改变他们的心性，使他们趣入佛法大道，这才是佛教徒的行为。如从前有一国王以慈悲心将自己的身体布施给罗刹魔女的故事。米拉日巴尊者曾经说过，我们自初始以来直到现在为止，更换了无数个不同的皮囊，如同尘埃，无法计数，这些由无数个痛苦行蕴组成的聚合体，都曾无奈地抛弃，没有片刻成为正法受用的器具，现在我拥有一个由四大元素和三十二种不洁之物构成的有漏之身，如果你们这些聚在这里的神鬼需要，我非常乐意奉送和布施，我没有不给的理由。六道轮回中的所有众生都曾做过我的父母，我曾欠下了无数宿债和业债，今天我很欢喜地将我的身体，从头顶的天灵盖到脚跟，十二块骨节、头脑、魂魄、生命和光泽都供奉和布施给你们，请你们各自拿走所需要的东西，现在就拿走并愉快地享用吧！还有，因为奉献和布施我这血肉之身的功德，从今以后，请消除厉鬼和罗刹魔心中的愤怒和仇恨，充满无漏的大悲心吧！从今以后，请你们不要伤害任何生命，而是在心中充满慈悲之情，让所有的众生都跟你们一起共享幸福、圆满、欢乐与和平吧！

这些大师，除了如此训诲我们以外，并没有让我们用残杀、砍剁、殴打、驱逐等手段来彻底消灭那些凶神恶煞。如果远离了慈悲和菩提心，用残暴行为降伏鬼神，反而会导致自己丧命，通过现量所见的许多实例可以证明这一点。用慈悲和菩提心布施身体修行，将会得到现在和究竟的善的福报，消除违缘。觉巴大师曾云："金刚之身毫无吝啬地布施出去，将会圆满福德和智慧两种资粮，由于不执着于自己的身体，因此，人和非人将无法伤害自己，任何恶咒将不起作用，这是一个非常深奥的事情，需要认真修行体验。"用慈悲和菩提心呵护凶神恶煞，他们将会成为自己的护法。至尊米拉日巴也说："此魔罗刹男女相，未证之时乃为魔，制造障碍作损害，若能证魔本天尊，一切悉地从汝生。”觉巴大师在《泽达玛尼》中曾云：“大海江水之中，河湖泉水之内，高山峻岭雪山，寂静神殿山洞，器具库房之内，无明愚昧众生，凶神恶煞神鬼，按照普贤之愿，由业随此居住，此等世间邪魔，各需物品供奉，为我使唤保护！”用慈悲之心摄受吧！

4.教诫

在没有断除我执之前，由于内外缘起之故，不会消除障碍和伤害。《入中观论》云：“世间疾病和障碍，无数恐惧和伤害，一切皆由我执来，此等大魔我不要！”觉巴大师曾在《无垢心要经》中一再嘱咐，对凶神恶煞的神鬼要用大悲心摄受，千万不能用威猛之法粗暴地处置。因此，断法所要降伏的妖魔鬼怪并不在外界，而在于内心。外境迷现为鬼神的形相也都是由未根除我执傲慢魔产生的。如岩罗刹女对米拉日巴尊者说：“若未证悟自心空，似我之魔不可数，你虽劝逐吾不去。”尊者回答道：“执魔为魔遭损害，知魔为心获解脱，证魔为空即断法。比你更厉之魔是我执，比你更多之魔是意识，比你更纵之魔是分别。”截断我们解脱和遍知的四魔不在外而在内，由此可知晓现今所谓的断法者实为追逐世间八法的邪法者。

断法是指彻底根除内心执魔的分别念之法。米拉日巴曾云：“涉足险滩山谷为外断法，身体转变供物为内断法，根除一切我执为义断法。”这样清楚地界定了断法的分类。因此，要根除无始以来将我们拖到轮回中的我执之心，实现无我境界。诚如米拉日巴尊者所说：“我此教派的宗旨是彻底根除我执，抛弃世间八法，令魔心生惭愧。”一切修行都应向内反观自心，将所有的能力、威力全部用于根除我执上。《一意法》云：“无上护身符为菩提心。”但有些人却相信那些连最起码的皈依法也不懂，仅仅是剃了头、换了袈裟就到处欺骗百姓，装神弄鬼，妄言骗人、胡说八道、信口雌黄的人。正如世间俗话所说：“父被子欺，子被敌骗。”用火供和朵玛回遮等将会驱除自己内心的慈悲心，转动愤怒之轮，因此爱惜自己的人要格外小心。要用慈悲心摄受轮回涅槃之众生，用祈祷等方式使其皈依三宝，根除受伤者和伤害者、神与鬼、我与别人等分别之心，证得法皆一味境界，则彻底根除内心傲慢魔，即现前了究竟义断法。米拉日巴曾云：“无圣无魔见之要，无散无执修之要，无取无舍行之要,无希无疑果之要。”为战胜四魔,精进努力修行啊!

我执偏重不懂无我义,
虽懂二执仍盛希疑风;
对神恭敬对魔愤怒等,
祈愿根除我执赐加持。
积累资粮之引导终。

四、上师瑜伽

彻底敬信具格之上师,
彻底苦行实修之宝幢,
彻底证悟义传之祖传,
噶举上师足下我顶礼。

加持之入门——上师瑜伽之引导分三:先辈成就者的口诀,上师瑜伽实修法,敬信。

(一)先辈成就者的口诀

1.意义

上师瑜伽是在自相续中生起无误本性证悟的最究竟方便的唯一方法。塔波噶举的经典著作《一意法》云:“依止不具格上师,则不会产生功德。”如果要修持一正法,则首先要寻求一位具足一切法相而有证悟的真正上师善知识。那些名声大、地位高而无证悟,或夸夸其谈之人是不行的。在显密经典中反复强调具格上师的重要性。如经中说:“恭敬上师的善弟子,要亲近依止善知识,渊博知识源自师故。”《经庄严论》云:“弃广大之义,引能取所取,为菩萨勇士,圆满导师耶!”

佛经记载的大乘善知识要具备十种条件,即增上戒学之调柔、增上定学之寂静、增上慧学所益寂静、教德渊博、通达空性、学优于弟子、说法善巧、悲心具足、发勤精进和诲人不倦。《入菩萨行论》云:“恒长善知识,大乘法渊博,菩萨之圣行,失命而不弃。”《时轮集续》云:“清净依止之师为,坚守密宗誓言,钻研大乘佛法,坚忍禅修而清净无垢,能够给弟子密宗教授,使他们脱离地域之苦,行为清净具备梵天行,获得密

①仁青平措(1508-1557),第18任直贡噶举法王。

宗证悟而魔无法侵害，这样的上师才称之为菩萨而在大地上盛名远播。”《律生经》云：“行为善良而温和，众生赐予无畏心，懂得真言和续部，娴熟密法具悲心，一切众生亲如子。”《宝帐经》云：“保持声闻之行为，懂得十种善知识。”讲授了上师善知识要具备的种种条件。

《胜乐根本续》云：“精通真实知密续，吉祥饮血密宗知，不怒清净而渊博，善巧智慧度彼岸。”《二观察续》云：“自欲等神瑜伽师，极见密宗之彼岸。”那若巴尊者曾云：“上师法相具传承。”帕木竹巴大师曾云：“具备三法之僧宝，三时佛心之化身，顶礼大乐之上师。”法王直贡巴·觉巴大师曾云：“戒律清净使身语意清净，智慧清净使精通显密经典，意乐清净使精进利他事业。”直贡林巴①曾云：“具备三法之法王宝啊！”大成就者林日②云：“大智慧证悟法性真实义，大悲心悲悯众生之痛苦，大加持改变他人之心态，大诀窍引领他人之能力。”藏巴甲日法王云：“证悟使自己解脱，悲心使他人解脱，善巧缘起于方便，有缘之人皆获益。”历代先贤对上师提出了很多要求，不具备这样条件的上师，在弟子的相续中很难产生真正的功德。就连学习世俗的工艺技术知识也是没有好的老师就出不了好的学生，就像黑暗对黑暗产生不了光明。

一个合格的上师能够阐述深明无二俱生之佛陀智慧，他的证悟义之传承没有间断，诀窍教诫没有中断，成就悉地之大海没有减低，至深耳传之法没有掺杂污垢，我们需要依靠这样一个清净传承的上师。找到这样一位清净传承的上师后，就要言听计从，按照上师的言教，抛弃世间的荣华富贵，坚忍不拔地将所传密法融入自相续之中，才能获得成就。《二观察经》云：“无法言传俱生法，别处无法寻找到，只靠上师之善巧，以及自身之福泽。”《阿里嘎里大河流经》云：“无法言语俱生之智慧，积累资粮清除业之障，以及得道上师加持外，没有他法获得此智慧。”没有依止得道上师，即使你其它知识再渊博，也不能脱离轮回之苦。经云：“无掌舵之船，无法渡彼岸，功德再圆满，无上师不解脱。”《般若八千颂》也说，大菩萨想得到觉悟也要依止上师，恭敬上师，才能迅速得到觉悟。麦哲巴③曾云：“不依靠至尊上师，不会获得二成就。”觉巴大师曾云：“寻找合格上师是最重要的缘分。”阿底峡尊者也曾云：“法友们，直到证得菩提为止都需要上师，故请依止善知识；直到懂得本性为止都需要学习，故请闻听上师教诫；一切欢乐都源自上师的恩德，故请你们报答师恩。”卡热贡琼[4]曾云：“必须认识到上师是世间、出世间一切成就的源泉。即使精通三藏，如果不恭敬上师，对上师没有诚信及感恩戴德之心，也不会有收益。”圣贤们不厌其烦地一再训诲上师的重要性，是因为这涉及今生和来世的一切幸福。

2.理由

吉祥圣贤上师是三时如来之源、三身之本性、三宝之总集，是故如此重要。经云：“上师是佛是法，上师也是僧宝，一切作者是上师，上师吉祥金刚持。”不专心祈祷上师就无法得到加持，得不到加持就无法即生成佛，我们应该以大恭敬之心修行上师瑜伽法。

在大乘佛教，尤其是密宗金刚乘一切道路的根本为上师，在一切密续经典中都阐述了上师瑜伽法，这个优于一切生起次第和圆满次第的禅修之法。经云：“十万劫中勤观修，具相随好之本尊，不如刹那念师恩，念咒修法千万遍，不如祈师一遍恩。”吉祥萨乐诃[1]曾云：“师言入于何人心，犹如现见手中宝。”帝洛巴曾云：“要想解脱痛苦就要依止善知识上师，融入加持就能觉悟自性，因此精进修持上师瑜伽吧！”那若巴也曾说，上师瑜伽比一切都吉祥，一切所愿都源自祈祷上师。直贡林巴曾云：“轮回涅槃幸福皆，源自祈祷上师您！”至尊果仓巴[2]也说：“若修上师瑜伽法，尽除过患得圆满。”又云：“虽多修持生起次第，然修上师为无上；虽多修持圆满次第，然诚依师为无上。”因此，要知道正确无误地通过加持之道证悟本性唯有此法矣。

大法印俱生和合或五支道法是至深之法道，这个法既不像小乘以伺察、推理等方式抉择甚深意义，也不像下续部依靠共同悉地而获得究竟殊胜悉地，更不像其它上续部依靠三灌顶的喻智慧直指义智慧，而是如觉巴大师所说的：“具有传承加持而获得成就如神圣的宝藏般。”因此，从佛陀到自己的根本上师为止，从未中断过具备神圣证悟的上师传承。《一意法》云：“不管什么正法，其传承的联系是最重要的。”

因此，此法并不像有些传承中密宗的誓言被破，传承体系被中断，标榜为天法地法之类名声很大，但没有圆满的教诫，阐释不符佛教经典，没有传承加持力的所谓“至深法门”。正如法王曲吉扎巴所说，现在有很多人视自己的某一个梦境或体验为正法，将那些不符合佛经的歪理邪说奉为神圣,不仅自己步入邪路,也将别人拖入邪道。至尊果仓巴也说:“虽然好的传承很多,但没有能超过塔波噶举法宗的传承。”这是对实修加持传承的上师作真佛想,以坚定不移的诚信、恭敬之心猛厉祈祷,使自己的心与上师的智慧无二无别,即以上师的加持力使自相续中生起证悟的终极捷径秘密之道。修持至深上师瑜伽法是无比珍贵的噶举先辈们的实践道路,作为后辈的我们应该珍惜继承和发扬啊!

(二)上师瑜伽实修法

上师瑜伽实修法分三:明观福田,专心祈祷,获取四灌顶。

1.明观福田

经云:“顶上或掌中,心间观福田,千佛之功德,此人能持有。”明观福田法有远传明观福田如市集图,近传明观福田如梯子图,以及包涵两者在内的明观福田如意图三种,这里讲授的是近传明观福田如梯子图。在其它传承中有观想自己为本尊的方法,本传承中获取四灌顶时要这样观想:在自己凡夫之身所处的前方一箭高的虚空中,由八头狮子抬起的宽阔宝座上,由པཾ(帮木)字变化为出愚昧之污泥而不染的莲花、清凉众生的月亮、清除无明黑暗的太阳的坐垫,其上端坐着十方三时诸佛凝聚在一起的本性根本上师与伟大导师觉巴大师无二,其形象为法身的初始怙主金刚持。金刚持的形象涵义为,天蓝色为无生,一面为法一味,双手为智慧和方便,右手持五股金刚杵为智的本性,左手持金刚铃为慧的本性,双手交叉为智悲双运;身上装扮着报身圆满之服饰,即五佛冠、披肩、飘带、腰带、裙子、头饰、耳饰、项链、缨络、手镯、指环、足镯等;不断的化身之瑞祥,即三十二种大丈夫相和八十种微妙细相,不安住于生死轮回涅槃之双脚跏趺坐姿,明空无别,诸佛凝聚之本性,以大悲心喜悦地接受自己,自己的头顶由下而上依次为证悟义之传承直贡噶举历代上师直至吉祥金刚持。

从无等塔波拉杰上师直至现在为止,历代上师头戴标志着佛陀的经教、上师的训诲、缘起之法、经验之心要四种铃记的红色禅冠;身穿代表大法印和戒律合一的三法衣;使他们成为智慧和悲心之主,使自己凡夫之心自动关闭,如此观想。而后,念诵“吉祥上师,四身自在……”等祈祷颂,对四身之本质的上师外供养情器世界,内供养五妙欲等,密供养十六仙女,真实供养自己心之本性,祈祷赐予大法印成就。

按照我等上师觉巴大师的显密双运的特殊法门《七支供修法·赛康玛》祈祷供养。此法具有四种独特的总括，即供养的福田为三身上师、正式供养时用显密双运的七支供、从供养对象处获取四种灌顶、用供养的特殊福德祈愿回向等。此外本法门还有很多特殊之处需要慢慢在修行中体验。《律生经》云："抛弃诸多的供养，真实勤修上师法，上师欢喜一切知，能获殊胜之智慧。"又云："修持无上之导师，供奉金刚萨埵尊，怎不获得其福泽，怎不坚韧之苦行，能弃恐惧和罪恶，获得真实的安乐。"如是其义耶！

2.专心祈祷

要这样专心祈祷，把自己的吉祥贤哲上师观想为三宝总汇之本性，一切坛城之自在，引导一切见闻触忆之导师，末法时代佛法兴盛的明灯，佛法事业发扬光大的第四宝。对自己来说，今生今世是上师引导自己趣入至深成熟和解脱之道，其慈悲的强力加持把自己引入金刚持果位，其恩德比佛陀还要大啊！

上师的功德也是不可思议的，其心量比天空还要广大，其智慧和慈悲如大海般无边，其悲心如江河般汹涌，其自性如大山般稳固，对众生如父母般慈悲无偏袒。我要依靠上师、我要期盼上师、我要观修上师，就像无可比拟的如意珍宝般的三界怙主觉巴大师一样对待自己的上师。

要忆念噶举上师的三密功德，直至心中升起无限的敬信，眼里充盈泪水，以悲伤而恳切的声调诵唱一遍《直贡噶举法嗣传承祈祷文·热滚玛》以及被称为《遥呼上师》的经文，即"吉祥上师，四身自在，塔波噶举……"几百遍，按实修之法修习。

如何念唱此悲调呢？《入菩萨行论》云："无奈悲哀之啸声，祈祷拯救罪恶我。"米拉日巴尊者云："忆念上师之历史，敬信证悟内心生，真实融入悲加持，阻断非法之思绪，忆念上师之悲调，至尊耳边是否响，

---

① 直贡林巴，敬安·西绕琼乃的别名。

② 大成就者林日，卓滚朗吉日巴的别名。

丐儿只有此觉知，还要念唱悲心受！”忆念上师后念唱悲伤之歌为噶举传承的习惯，有人戏称为“噶举遥呼狗叫”，但是在真实修行中确实需要这样的调子。冈波巴大师撰写的《回忆上师悲调文·冈噶玛》就是敬信祈祷文，这种悲调文与一般仪轨、赞颂文的腔调不同，具有启动加持的缘起的关键之处。

杰瓦羊贡巴①云：“要专心祈祷法王，专心祈祷具格上师是修持敬信之法的开头。”博克巴②云：“噶举如意珍宝聚宝盆，功德公正之心也难测，艰苦实修佛法之传统，所谓高僧大德也难做！”要思考那些盛名的高僧大德也难以做到先辈噶举上师们艰苦卓绝的实修佛法之风范。要经常忆念那若巴曾经历了十二大苦和十二小苦，玛尔巴译师历经生死大苦，米拉日巴尊者的大苦行，冈波巴大师的苦修，帕木竹巴大师的看破红尘之心，觉巴大师的勤奋等等。要从内心深处专心祈祷，我也要像先辈大德们一样实修佛法，请您赐予加持，让我在自相续中生起无误的初始本性，现在就加持生起吧！就在这个座位上赐予加持吧！把我的心引向佛法吧！使佛法顺利修持吧！在修持中清除迷乱吧！让迷乱成为智慧吧！请求赐予加持吧！这样的祈祷如果流于口是心非，就不会融入加持，这是缘起问题。经云，有限的敬信是不起作用的，要从心间、从骨髓内想到根本上师和传承上师等的恩德以及其身语意之功德，以强烈的思念之情使身立汗毛、眼含泪水、语言哽塞，在思想上，除了上师之外再也没有别的，如此日夜祈祷上师，才能得到上师的加持。

让日日巴曾云：“不祈祷上师，欲求智慧之，如朝北洞口，太阳无法找到，无心境相合之时。”觉巴大师曾问曲吉东巴：“你心中何时显现上师？”答云：“偶尔显现！”大师心想，我的心片刻也没有离开过上师，他的心中只是偶尔显现上师，那他在其它时间想什么呢？如此，专心而勤奋地祈祷上师吧！

3.获取四灌顶

《慧成续》云：“上师身之坛城中，圆满获取四灌顶，此为续部之要

① 麦哲巴，印度著名大成就者，玛尔巴大师曾向他学习大法印。
② 卡热贡琼，噶当派著名大成就者。

害。”获取加持成就灌顶的观想为，遍主金刚持融入帝洛巴，帝洛巴融入那若巴，那若巴融入玛尔巴……，如此自上而下，所有传承上师逐次融入到自己的根本上师(其形象为金刚持)，自然地祈祷如上吉祥上师的名号后，从根本上师的额间发出白色的光芒融入自己的额间，从而清除醒时的障碍等，这些观想方法可在引导文本中了解到。

观想中的四大脉轮为头顶大乐轮、颈部受用轮、心口法轮、脐部变化轮，别的传承有分为五轮或六轮的，本传承《至深道那若六法》就此四轮囊括了其它分法的全部含义。观想此四大脉轮就能获得四种灌顶，具体为，观想依靠头顶大乐轮获得宝瓶灌顶，清除由身体造成的杀盗淫三业及产生身体脉络的障碍，有了修持生起次第的权利；依靠颈部受用轮获得秘密灌顶，清除妄语、离间语、恶语和绮语四种语言的业障和能使增加语言业障的气的障碍，有了修持脉、气、明点的权利；观想心口法轮获得智慧灌顶，清除贪欲、瞋和邪见三种意业和增强意识的明点的障碍，有了双修的权利；观想脐部变化轮获得句义灌顶，清除阿赖耶业和所知障，有了修持大法印的权利。公开阐释为，依靠观想四大脉轮可清除脐轮火、光明、梦和幻身的业障。这些道理如果没有一定的禅修经验是无法懂得的，这也是需要保密的密法，必须由上师口耳相传教授才行。

尔后，观想贤哲的上师化为一团光芒融入自己的头顶，使自己的身、语、意与上师的身、语、意融为一体。此时此刻，不忆念过去，不迎接未来，也不思考现在，意识清晰而无分别，如同纯净的天空，将心放在初始状态。这种初始之心就是大法印。冈波巴大师曾云：“初始之心为觉者，改变之心非佛意。”

最后，观想一切万物皆为上师之变化之态，念诵“此等善业速将我，成为吉祥之上师……”等祈祷回向文，在日常行为举止方面按皈依法修持。没有上师加持的融入，就不会在自相续中证悟大法印，没有证悟，其它任何方法都是没有用的。觉巴大师在《珍贵心要》中云：“啊呀！道观中满是算命和本教的仪轨，对供奉之佛有很多不同的经文念法，

① 吉祥萨乐诃，印度著名大成就者。

② 至尊果仓巴，竹巴噶举第二任法王。

遍知之佛有许多历算和占卜之法,在某某地有某某上师有某某至深之法,如同烂毛绳连着烂皮绳,也许对欺骗那些边远蛮荒之地的愚昧之人有点用处。"如此瞎折腾对自己和他人都没有好处,唯有专心祈祷传承上师方为上策啊!坚信一切所见、所闻和所知都是上师三密之变化,勤修上师瑜伽法。如此方可达到一切所见皆为本尊和上师,一切行为都将成为善业。米拉日巴尊者曾云:"行则路上携觉知,此乃六聚自解脱;坐则无变初始态,此乃核心义坐法;食则空性之态势,抛弃二取之食法;饮则正念和正知,从不间断之饮法。"此外,恢复密宗的誓言、修持二次第、清除障碍、增加功德都需要依赖上师。修持上师瑜伽法,可以从上师坛城中获取四灌顶,而不需要从别处寻找。上师瑜伽法是获得终极成果的显密的关键,因此,不能仅仅把它当作前行引导法,而要作为日常功课来修持。

(三)敬信

敬信的特点在显宗、密宗和上师诀窍中阐述了许多揭示事物本质的方法,尤其是在上师瑜伽中可以较为详细地谈一谈。

1.敬信的含义

《一意法》云:"唯有敬信才产生证悟。"这是如同父亲般的直贡法王觉巴大师心中流露的特殊法门,称之为"敬信密聚"或"敬信命轮",这是一个无与伦比的法门。但是,学习这个法门,必须要具备上师与弟子的良好因缘,抛弃坏的上师教导。觉巴大师曾云:"邪恶的导师如同大蒜和毒树,依靠这样的导师就会染指世俗之气,恭敬则增加三毒,交心则切断解脱之生命。要依佛陀和上师的教诲,放弃与邪恶导师的关系,独自回到林中修持吧!"噶尔曲登巴曾云:"师徒没有缘分就不会产生功德,要具备师徒的缘分啊!"《圆满誓言经》云:"过去现在和未来,获得三身成就者,无不依靠上师后,获得无二智慧者。"

当你寻找到合格的上师后,就要心怀敬信地学习,没有恭敬之心,自相续就不会产生功德。佛云:"舍利子,要信心啊!此为祈祷诸如来,真谛由信心所证悟。"弥勒菩萨云:"自然之真谛,为信所证悟,太阳之光芒,瞎子无法见。"在很多显宗经典中讲授了信心的重要。如果你有强烈的敬信之心,先辈大德是不会欺骗你的。这种敬信之心为一种无比强烈的,称之为"末世敬信"的恭敬之心。

觉巴大师在《虚空飞经》中说，有多少个需要教化的众生就有多少个调伏的诀窍，完全的信任将产生三摩地，而非欺骗行为。只有敬信之心才能通达地道，获取上师奥义，此外没有别的办法。吉祥帝洛巴曾云："不忘总持那若巴，为我欢喜十二年，我的证悟他皆有，后世有益之众生，需要证悟跟随他。"如此，那若巴大师曾先后历经二十四种苦难，坚定不移地追随帝洛巴上师，才有了即生成佛的伟大成就。玛尔巴大师曾云："完全听从教诲者，只有米拉金刚幢(米拉日巴尊者)，圆满口诀就在此。"如上，我们要把上师的言语作为最高的标准和真理。噶尔当巴曾说，要产生坚定不移的信心，既使上师把母牦牛说成是公牦牛我也坚信不疑，要尽一切可能让上师高兴，从而自己的心与上师的心无差别地与智慧融在一起，获得一般成就和特殊成就。自己和他人的一切事业都唯有凭借敬信之心才能成功，因此，如果一个人一生中只能拥有修一种法门的机会，最有效的法门就是敬信法。觉巴大师曾云："轮回涅槃功德皆，源自贤哲的上师，恭敬敬信之信心，离开敬信无别法。"要非常勤奋地修持敬信法，是非常关键的事情。

2.敬信的特点

龙树菩萨说，当上师的恩德使你洞察到解脱的利益道路时，你不想解脱也会得到解脱。虔诚地祈祷四身五智为本性的上师，并与上师相应，将会打开功德宝藏，对外内密一切因缘，如掌中之宝，清清楚楚。祈祷宜急不宜迟，作为非常重要的祈祷法，立刻祈祷，将融入自相续之中，这是敬信命轮法的独特之处。这个特点是珍贵的本传承的核心要义，是一切法的根本。

我们不用追求其它很多方法，一心一意修持敬信法，将会容易地获得两种成就。三界怙主觉巴大师曾云："一切殊胜和共同成就的功德的根本源泉是大乘贤哲的上师，对珍宝般的上师，以虔诚和恭敬之心，不舍昼夜地祈祷，那么，即使上师未开示一句，弟子未禅修一座，也会在自相续中产生功德，自己的心将会证得佛心。"敬安·扭·结瓦拉囊巴云："一座产生敬信心，无等吉祥直贡巴，如来释迦牟尼佛，刹那成为真稀奇！大宝赛康佛殿中，牢固精进勤奋心，竖起实修之飞幡，融入加持真稀奇！"如何打开四身上师的功德宝藏是非常深奥的教义，不适合向初学者开示，故此处不讲。觉巴大师曾云："外内密及终极义，缘生因缘之规律，自我如何加持法，产生本智之要义，大宝上师禅修法，管教之人无法知，不修参禅不悟得。”

如果翻开噶举先辈们的历史，就会知道他们以何种方式使上师愉悦高兴，他们是我们的榜样。玛尔巴译师曾云：“先辈上师之恩德，认真思考为教诫，贪婪多求抓不准，重点要害牢记心，果树虽多无果实，虽为知识非真谛，如此教育无见地，如此说教无利益，切中要害心之宝，要想发财惜此宝，降伏无明方便道，才是守护坚固塞，断除杂念为知足，知足常乐若此心。”如上，将一切心情凝聚在敬信之上。如此修持就会获得成就，这在噶举先辈历史传记中能够得到验证，也是获得成就的原因。米拉日巴曾云：“若你敬信之眼会看，上师与金刚持差别无二；若你会虔诚地祈祷，上师的加持之甘露不间断；若你会供奉修禅体验，上师能打开一切成就之宝藏。”

3.敬信的方法

敬信并非指跪拜顶礼上师、供奉物品、请求摸顶、结上法缘、念诵佛号等表象之态，而是如《上师五十经》记载的那样，自己的一切言语都按照前行、正行和后行的善法次序，始终处于上师瑜伽修法之状态，使自己的身体、语言和行为不离三种戒律，不迷茫于今生纷乱的意识，而一切行为都在利他，从细微之处就讲究因果报应，符合冈波巴大师所说的贤哲之人的标准，努力追随噶举先辈，勤奋精进实修佛法，才能称为“敬信者”。

对于初学者来说，先要从“不纯敬信”入手，否则一开始很难进入纯洁的敬信。觉巴大师曾经如此修法，故以“敬信者”而著称。他亲自说，一开始从不纯敬信入手，时间一久习惯就成戒律了。觉巴大师曾在随帕木竹巴学法时，凡遇僧伽皆视为帕木竹巴大师的法子或其化身而跪拜顶礼，使其禅修有了很大进展。我们不要认为自己无法做到，先辈大德也曾和我们一样是凡夫俗子，因为勤于修行而获得成就，成为我们的导师。

如何修持敬信法呢？觉巴大师开示说，佛法不会永远存在，我们也

---

① 杰瓦羊贡巴，敬安·扎巴琼乃主要弟子之一。

② 博克巴，竹巴噶举著名佛学大师。

不会长生不老,不会经常遇见贤德的上师,有机会修持佛法时,要切中要害地实修获得解脱的佛法,不要分散精力,被世俗的事务缠身,这很重要,要放低身价,简化生活,以强烈的敬信之心祈祷,就会产生缘起的功德。敬信的含义并非是擦拭曼荼罗,也不是跪拜顶礼,而是上师的身、语、意金刚与自己融为一体,在三摩地中加持他人的相续,圆满自他利益,才是真正的敬信。如果具备这样的敬信,那就何时何地都不会被罪恶沾染,不破坏根本和细微的誓言,如上师的身、语、意般获得解脱。在这样的禅修体验中会遇到很多障碍,如想离开根本上师,对上师产生无明因果之见,对自己的身、语、意产生很多痛苦等等,这些都是由于不具备内外缘起而引起的,并不是有一种叫"魔"的外来力量在作怪。在不断克服困难中就会不断获得证悟。指示根本规律之明灯就是敬信啊!

4.敬信的功德

续云:"谁的恩德此大乐,刹那之间会升起,上师如同大宝身,金刚足下我顶礼。"冈波巴大师曾云:"不在大智慧中,而在敬信道中。"帕木竹巴大师也曾云:"上师加持的证悟,莫盼闻思瑜伽师!敬信之心获加持,莫盼耗时瑜伽师!善恶根本为上师,寻合格上师瑜伽师!上师三身之本性,莫分辨是非瑜伽师!"觉巴大师也曾云:"上师四身之雪山,不照敬信之太阳,无法流出加持河,对敬信之心要慎重。"《六乐道歌》云:"不分白昼和黑夜,猛烈敬信之心态,未离具格之上师,不离的瑜伽安心啊!"敬安·直贡林巴曾云:"正法一密意趣意中,有至深道上师敬信法。"

法王扎巴琼乃对敬信法的特征有如下描述:"昼夜不分的禅修,正法《五支道》如大宝,若有过恶和违缘,贤哲上师要敬信。此法可除一切罪,除了上师敬信法,世间微小的利益,都将及其难产生。别说终极之佛果,对于自己贤哲师,没有恭敬和信心,断送一切的功德。埋没利乐的宝藏,抛弃暂时天人乐,终极圆满菩提果,怎么就会能得到?世间懂得羞耻人,孝敬父母尊老人,至尊释迦牟尼佛,言语一切功德源。自己被人推崇后,欲做利他之伟业,上师观想为化身,虔诚之心要依靠,轮回涅槃诸享乐,符合佛法之行为。对于报身贤哲师,敬信之心要牢记,此等敬信之善根,产生前面二成就。并非末世之敬信,愚昧本性之恭敬，称为孩童之敬信，除了如来佛陀外，没有抛弃所有欲，此等菩提之大佛，拥有轮涅功德皆，欲获此等之敬信。对于怙主圣上师，毫无怀疑法供奉，法王见则获佛果，此谓末世之敬信。”

法王巴热瓦撰写的《俱生和合教授文》中说，不祈祷上师而身、语、意皆为佛法勤勉，对禀性无利，大智慧者那若巴的后代，都是靠敬信而觉悟的，这不是那些傲慢的所谓的“学者”、“智者”和“成就者”们所能懂得的，也不是像野牛般与上师相伴的法师的行为之处，更不是为苦修佛法而满腹牢骚的人所能懂得的，而是将上师奉为三时一切如来之本性，为调伏如我被无明缠身的愚昧众生而以凡夫之身显示其身份，其本质就是金刚持啊！如此虔诚恭敬之心于内心深处猛烈地祈祷，并如上修法，从上师那里不断地获取四灌顶，融入自身。这是未禅之人生禅，生禅之人增禅，心不静之人静心，不收心之人收心，没有解脱疑惑和无明之人解脱的方法，需要认真勤修。禅王贡确塔钦说：“对成就之根本无等神圣的上师，如同遇见真佛般虔诚地祈祷，就会看到自初始以来清净自然的法身自心，这是多么高兴的事啊！”因此，今生今世要获得解脱唯有靠上师的加持，就不要对上师敬信打折扣，不要被违缘所困。本传承无比珍贵的传统就是勤修“敬信命轮法”》，虽然将此法放在前行中，但是正行“上师四身法”也是修持此法，是包含显宗和密宗精妙要义的非常重要的捷径。因此，贝瑟噶居[①]曾云：“这个道路，不需要很多学问和推理，而是靠上师加持生起的坚信正见和禅修之力渡过般若波罗蜜多，这个道路是加持之道路。”如上所说，一心一意、专心致志地勤修上师瑜伽是至深奥义的终极关键所在。

虽遇合格上师然无敬信，
虽获至深之法然乏信心，
虽示根本规律然缺体验，
圆满获得敬信之加持吧！
上师瑜伽引导终
四不共前行圆满矣！

第三节 特殊前行

大胆承担众生之大责任，
大勤奋永断轮回之痛苦，
大智慧得见轮涅平等性，
向诸噶举上师大德顶礼！

特殊前行之引导分三：慈心，悲心，菩提心。

一、慈心修法

在此教授大乘佛法的根本道路——菩提心的发心。《一意法》云："大小乘的区别在于发心。"综观一切众生都有利己的发心和动机，因此，显宗里有许多世俗乘、天人乘、梵天乘、声闻乘、独觉乘等的描述。步入空门的一般佛教徒也不利己而发心，而大乘佛法与小乘佛法的区别在于是否为利他而发心。外道也有为有情众生发心的，但它只为本民族的利益而发心，并没有涵盖至整个人类，更没有囊括一切有生命形态的众生。弥勒菩萨云："发心为利他，欲获真实圆满菩提耶。"因此，悲心不是菩提心，而是播种菩提心的种子。这是需要提前说明的事项。

悲心是依靠慈心而产生的。这是先教授慈心的原因。《大乘佛法心要》云："知恩报恩产生慈悲心。"大法印五支道教授的各种法本，尤其是《曲吉扎巴言教》中所说的，我已知一切众生皆为父母，并知道他们无比的恩情，虽然他们被各种各样的我执所缠绕，我将依靠我的根本上师，将一切众生从痛苦中拯救出来。这样强烈的纯良之心发动下，从六道轮回各自的角度不断地参禅，这是修心最终的诀窍。有偏执的慈心是外道的慈心，是要抛弃的。要产生无边的平等慈心，这种慈心仅仅挂在嘴上是不行的，要根深蒂固于内心深处。《信函》云："如同婴儿怀中抱，无限慈心喂奶水，无比艰辛培育的，有谁母亲愿抛弃。"又云：没有不被母亲怀抱的孩子，没有不被母亲喂食和保护的孩子，没有不被母亲千辛万苦抚养成长的孩子，这个母亲就是一切众生。因此，要平等对待一切众生，在这轮回的苦海之中，无论是欢乐歌唱爱情，还是悲苦哀怨仇杀，你要抛弃这些不知生死轮回而陷入无边苦海中的众生，而独自寻找解脱，不觉得羞耻吗？《章节经》云："一切众生曾为母，为你给予的牛马，将会超过梵天界。"龙树菩萨云："三百小坛之饮食，每天布施为三次，刹那生起之慈心，远远超越其福泽。”又云：“天人欢喜，受其保护，不伤毒箭，心安多乐，事业顺利，虽未解脱，然生梵界，获慈心等八功德。”如上，从不同角度思考，认真修持慈心。修持慈心的障碍是瞋心，我们要抛弃愤怒之心。如果能够抛弃愤怒之心，慈心自然就会产生。《入菩萨行论》云：你不可能征服如虚空般蛮横的所有众生，但你征服了自己的愤怒心，就征服了他们。《章节经百问》云：“未断暴力，仇敌不断，息己愤怒，仇敌皆灭。”按照显宗经典中记载的慈身之业、慈语之业、慈意之业的标准，使自己的身、语、意始终处于慈祥之态，不伤害任何生命。《入菩萨行论》云：看待众生的眼光也要公正而慈祥。不说粗话，学会说真诚而悦耳的话语等菩萨的行为。自己周围和依附自己的，小如蝼蚁也不能伤害，使其痛苦。将这些微小的生命和弱势群体视为前世欺负别人的结果而以慈心加以保护。对父母要报答养育之恩。阿底峡尊者曾说到，对远方的客人、久卧的病人、老迈的父母等以慈心呵护，等于空性悲心的禅修。不报答父母的养育之恩，不怜悯弱小的动物，即使转遍神山圣湖，朝拜众多寺院圣殿，也不是纯洁佛法。萨罗诃云：即使跋山涉水有虔诚之心，也无法寻找到具生智慧，反而会被恶所困。朝拜神山圣湖就能得到解脱，这是外道的习俗，并非佛教所为，真正的佛教徒是要利益众生的。念诵佛号、摆设供品、敲锣打鼓等只是佛教的形象而已，噶当先辈上师曾说过，无偏见地对一切众生以慈心呵护，知恩图报，修心养性，才是纯洁的佛法。

二、悲心修法

按照《曲吉扎巴言教》，学习悲心修法，直到自相续产生悲心为止。自相续没有产生悲心，就无法做到自他相换，做不到自他相换，大乘佛法就无法深入内心，就会成为现在有些不伦不类的“佛教徒”那样。现在有些“佛教徒”到处寻找传教的施主，向别人宣讲要清心寡欲，自己则物欲横流，言行相悖；看到施主往生，不思自己也无常，弃大家而守小家；为了钱财视施主为神明，为了钱财，即使没有完成最起码的念修，也要给予信众灌顶教授；更甚者大口吃肉，骑马代步，鞭打骡马，毫无怜悯之心，口吐狂言，行为粗暴，傲慢无礼。我们要认真思考，佛陀为什么一生托钵步行，难道佛陀连骡马都雇不到吗？他是不让动物受苦啊！直贡噶举创始人觉巴大师的一生中，只有在康区丹地方渡河时骑过一次马，此外一生步行，再未乘骑骡马，我们是这些贤哲先辈的后继者，难道就能任意践踏动物，让它们受苦吗？自己受到一点饥寒和伤害都无法忍受，却不体谅骡马的疾苦，还自认为是佛教徒，这种行为是与佛教相悖的。在玛尔巴大师等噶举先辈时代，并没有像今天这种在大庭广众之下授予密法，令自己和别人轻易堕入地狱的行为，后来人们福报日减，才盛行这种不良的行为，且愈演愈烈。对众生没有悲心的教法，并不是佛教。佛教把大悲心视为神圣而践行。经云："哪里有慈心哪里就有生存，哪里有悲心哪里就有菩提心，哪里有菩提心哪里就有菩萨。"《佛说法集经》云："欲成佛者，不学多法，只学一法，此法为何？大悲心耶，何处有大悲心，何处就有佛陀的一切正法，如掌中之宝。"《庄严经论》云"根本为悲心"，"慈心引发悲心"。《宝鬘》云："先有悲心的行动。"经云："是故，我先赞美悲心。"阿底峡尊者云："没有慈悲心，就不是菩萨。"此外，噶当先辈们一再叮嘱要认真修持慈悲心。我们这些所谓践行菩萨行的"佛教徒"，有了少许知识就自以为是，以傲慢之心欺负弱者，嫉妒同辈，争风吃醋，无理诽谤，争地位、供品和官衔；虽身在寺院，穿袈裟，心却为声誉、财富、悲欢所缠绕，比俗人有过之而无不及；迷恋供养财物的施主，愤视对己不敬者；不知佛法的真谛，欺骗信徒，比老鼠还爱聚财，比毛驴还贪情欲，比孔雀还嫉妒，比狮子还傲慢，假装慈悲，这是在拖佛教的后腿。没有密宗的见行，就采用厌胜、焚魔、抛掷朵玛等方法，举行威猛法事，这种法师和施主真是可怜啊！只有慈悲和菩提心才能够调伏轮回世间的凶恶鬼神，而不是愤怒和粗暴。觉巴大师曾经说过，菩提心是无比珍贵的护身符。只有以大悲心，运用四种布施波罗蜜多法，观众生为父母，强烈的愿望驱使自己拯救那些被愚昧和无知所困，作恶事的众生，此能调伏非人。以僧伽之相食血肉者，缺悲心；有慈悲心的人，怎么忍心饮食血肉，如同罗刹魔女。何谓罗刹魔女，就是饮食血肉者，而非多面多手的象征符号。古称藏人为赤面人，就因藏人饮食生肉而起名。今藏人自称大乘佛法的践行者，然俗人饮食血肉，其引领者僧伽也饮食血肉。呜呼！谁来践行以慈悲而闻名的佛法？寂天菩萨云："除了能够引起众生欢喜的事外，别无能让如来欢喜的事情。"没有人会为燃烧自己的身体而欢声雀跃，没有哪个菩萨会为伤害动物而欢声雀跃。觉巴大师曾说，用自己的身体、语言和行为，利益所有的众生吧！并没有劝导我们以伤害生灵而取悦佛陀。即使我们干不成任何伟大的事业，也应该用平常的慈悲心态，克服前进中的困难，这才是正确的道路。这在《五支道法教授》、《大乘佛法心要》、《噶当小函》等教授中都有讲述，让我们的自相续充满慈悲吧！

三、菩提心修法

《五支道金刚口诀》中将菩提心分为两种，即世俗发心和胜义发心。世俗发心又分为愿望和行动，愿行合一、四种处因分类、二十二种比喻、四发心、二种性质、取舍、教诫等详细内容在《大乘佛法心要大注疏·格言海》、《塔波解脱庄严》、《发心仪轨·清凉檀木念珠》及《发心仪轨·如意宝》中有所阐述，可依据经义理解、体验和感受，也可以从《五支道法笔记·曲吉扎巴言教》法本中获得有关胜义发心等自己可以践行的知识。但是务必记住，必须在合格的上师处获得发心戒，这是五支道法中胜义发心不衰而发扬的修心的需要。世俗发心和胜义发心的区别，如《一意法》中所云："菩提戒的基础是必须要有七种别解脱戒的一种，这是有见证的发心。"弥勒菩萨也云："友力财力根本力，闻力以及习惯善，不稳逐渐向稳定，此谓依他之发心。"这是世俗发心。而通过修持体验得到的胜义发心是："圆满如来极欢喜，福田智慧极积累，三摩定中获智慧，此谓胜义之发心。"因誓和果誓是愿行的区别所在，按五支道法的修持，直至心中体悟为止。这里阐述了不修持四无量心就无法产生善良的心，这是练习心善的方法。纯洁善良的心容易产生菩提心。有些人即使念诵了几亿遍发心法，自相续仍然难以良善，因此，重要的并不是如何念诵发心文本，而是内心是否产生良好的变化。菩提心是佛教的核心内容，与三时一切如来之心没有任何区别。赞美菩提心是为利益一切自他众生事业的有力武器。《入菩萨行论》云："无数劫中极思行，诸如来视此为益，此为无数人践行，轻松获得乐圣道。"菩提心是非常值得关注和重视的，这是源自众生和平导师释迦牟尼佛，观察和思考一切现象后产生的珍贵之宝，一切有志于解脱众生于轮回之中的人们，应该牢牢掌握大宝菩提心。菩提心是八万四千一切法门的

---

① 贝瑟噶居，格鲁派创始人宗喀巴大师著名弟子之一。

核心，并非可有可无之法。无论修持积累资粮、除障、观本尊、供坛城、念咒、造佛像、念经、礼佛、修生起次第等任何至深法门，都是为将菩提心融入自相续。没有菩提心，修持任何法门也不能获得解脱；而菩提心一旦融入自相续中，修持任何法门就会自然而然地趣入解脱之道，这是佛法的真谛！敬安·扎巴琼乃师曾云："一直传承不断的至深法是世俗发心和胜义发心，我们的传承就是这个传承。"如果在自己内心深处没有世俗发心和胜义发心，就会是非颠倒。大成就者贡确次丹曾云："虽言自己为守戒之比丘，然不知堕罪之名目；虽受菩萨之戒律，然不知戒性之分离，沉迷于自我之利益，忘记了利他之大业。"又云："不思今生之无常，不想来世恶趣之痛苦，不生惧怕轮回出离心，不见为母众生之状况。贪图安逸寻觅寂静处，哄抢聚集三摩地禅房，马马虎虎接受灌顶和教授，生圆次第数字之积累。实修佛法只是挂名堂，形同虚设如同白灰墙，成为迷信赞美之供处，稍许障碍风雨显现原面貌。"又云："财富名誉修持佛法没用，未能看破红尘如同阶下囚，没有纯良发心如同冬眠之旱獭，不能勤奋修法如同交差要抛弃。"三界众生为了一时的享乐，是非颠倒，恒时处于痛苦之中。这些众生自初始以来没有一个未成为自己父母的，现在我在恩师的培养下，懂得了善恶是非，我要抛弃偏见和固执，精心呵护和拯救处在无明之中的母亲。颠倒观修《金钢爪》中所说的悲欢，以平等心对待众生的悲欢离合。由于菩提心未能推而广之，深入人心，所以才有了今日的毒品、核武器和战争等你死我活的争斗，以及环境的日益恶化。

四、自他相换

自他相换的菩提心是无比美妙的道路。这个道路需要深刻的修持，甚至连呼吸吐纳都需要认真的修炼，菩提心在内心深处扎根后，才能真正做到自他相换。自他相换的真谛在于抛弃自私自利，专心为公益事业或佛法事业而奋斗。我们入了佛门，有了吃穿，却不爱护佛法，自以为是，这是不对的。既然入了佛门，就有责任护持佛法，并将佛法发扬光大。但除了僧侣之外，并没有从事护持佛法工作的职业，因此，在自己内心深处将佛法深深扎根尤为重要。请记住，外在的寺院建筑物是不可能起到护持、发扬佛法作用的。很多经典中不止一次提到把自己的利益与佛法的利益互换的菩萨行为。自他相换是大乘佛教终极禅修的核心,需要深刻的体验和修持,不能只停留在口头的许诺上。朗唐巴曾云:“利益与胜利给别人,冤仇与失败留自己”。这种精神要在内心扎根,并且在行动上体现。初学者很难做到真正的自他相换,但“虽无利他之力,常有利他之心”。在思想和行动上,要按照六般若波罗蜜多和四摄法的要义理解和掌握。

这些要义一定要掌握时机,不能随心所欲,有很多未逢时机而匆匆出山,浪费自相续的现象。不知其要义而作利他事业,容易误入形式主义的泥沼。有弟子问阿底峡尊者:“何时摄受聚众?何时行利他事业?何时能为亡者行破瓦法?”答云:“证悟空性而显神通时可以摄受聚众僧团,没有自己利益时可以行利他事业,获得见道时可为亡者行破瓦法。”阿底峡尊者又云:“现今浊世,不是装模作样时,乃是笃志励行时;不是争风吃醋时,乃是放下架子时;不是聚集随从时,乃是静处修行时;不是检查弟子时,乃是检查自己时;不是追逐词句时,乃是思考问题时;不是互相串门时,乃是耐住寂寞时。”有三弟子曾问仲敦巴大师:“在寂静处修行佛法,或以佛法利益有情,哪一个覆盖面更大?”答道:“在自相续中没有任何证悟的初学佛法者,以佛法利益有情没有用,宛若用空碗给别人倒加持,别人无法得到加持,教诫似尚未发酵的青稞酒,没有味道;由即将生起见道慧之前相而没有证悟佛法真谛的人,无法为众生做事,宛若只有一瓶水,倒给了别人,自己就空了,教诫宛若传递的蜡烛,传给了别人,能照亮别人却无法照亮自己。因此,现今浊世时,凡夫俗子应在寂静地方修慈悲菩提心,而非正式为有情利益时,自己消除无明时,宛若保护珍贵的医药宝树苗,而非砍断树苗造药。”因此,我们一定要掌握好出道的时间,这很重要。我们要懂得多少佛法知识就实践多少,而不是探求知道所有的佛法知识后再去实践,这是一种错误的认识。

修三摩地的人且忙于工作,有大福报的人且忙于裁决,没有一个如法修行的瑜伽师,至尊上师追逐海市蜃楼,称口头宣扬就是弘法,神圣的佛法如追随娘舅,互相吹捧,嘴上谈证悟,成就的结果就是聚敛钱财,如黄金般的孩童研磨成了黑炭,虽然独在寂静处却心若毒蛇,良善之行变为邪恶行,佛陀神圣足迹只剩其外壳。这是我们现在所看到的世道,因此,追求解脱的人一定要小心啊!

五、六般若波罗蜜多戒

没有真正取舍好菩萨戒，很容易成为今生而作，故应慎重。至尊一切知贡确热纳云："有人发誓要清静戒律，但一遇到私利，便可暗杀亲子，夺取母命，这样的教徒登不到地道；落难时既使如父母般施予法与财，到头来，昂首侧目，不理不睬；最初肝胆相照，终究互相厮杀的人们，讲授至深佛法百遍，不如奉茶一碗；对上师和法友喜新厌旧，迷恋臭味相投者，满足愿望之师徒等非佛教徒所为，也被俗人所不齿；有的佛教徒羡慕世俗世界，从祈祷神灵到寡妇生活都要探究一番；在这纷争的时代，有的教徒遇到一丁点违愿的事，就会激起心中的波浪，脸色巨变，处处废话，有时黑沉着脸，没有欢笑；当信财之恶报成熟时，心绪如洪水猛兽，抛弃的恶俗将成为朋友，不顾事业的成败利益，思维恍惚，眼见皆视仇敌，怀疑亲朋好友，好言疑恶，总觉得别人都在说自己的坏话，使坏心眼，争名夺利，心被魔侵，自己的碗筷被放置低了也想捅刀子，连别人念经也觉得是在说自己的坏话，开玩笑也记仇，不仅自己如此行事，把朋友也带坏了，虚心者变成了傲慢的人，不享受幸福，也忍受不了痛苦，三心二意违背因果规律，践踏密宗的灌顶和誓言，如狗皮般无忍耐，如玉皇大帝般傲慢，这样的僧人是僧团的害虫。自在浊世，二百五十条戒律名存实亡，四大根本大戒也是能守则守，守不住就不守，名言沙弥比丘、持戒者，其实不知戒律的本质，守戒的道理，外在表现为清净戒律，然不到三天就露出本性，讨得高官之妇的欢喜，追逐施主家的妇女，穿着僧人衣服，在家带着孩子，荒淫无度，如狼似虎，这些不用守护戒律、不用抛弃无明的僧人、不用压制的欲望是没有生命的行尸走肉，请爱护和珍惜戒律吧！"为了懂得内外取舍的道理，要学习佛经和各种文化知识，学习如何将佛经的教义修行体验的知识；有的人看了不少经书，但不知其要义和核心；而有的人认为学习无用，注重修行，但不知修行为何物。设想若不学习，印藏那些伟大的佛学大师从何而来？若法不学为佳，则如同牲畜。因此，未闻佛法将会堕地狱，尤其傍生为愚昧无知。要知法与非法的重要意义，不知要义与核心而想当然，就会害了自己，也害了别人。全知法王直贡林巴[1]云："不知此法之密语，人们如何去努力，修持八万四千法，如同黑夜中前进，不知互相之关联，正法行动后苦诉，不可预见的深渊，堕入的危险在眼前，为了不犯此错误，珍惜佛法的学习。”

我们应该实践三种布施波罗蜜多，即法施、财施和无畏施。而现在有些人自视为佛法的践行者，只知道获取而不知给予，且不说利他做事，就连为消除非分享受信财所积罪障的供奉和布施也不想付出。其实，即使没有任何财富，也可以用水朵玛的形式来布施，这种布施同样包含了三种布施波罗蜜多的法义。以诸佛语妙善之法，为人演说，是为法布施。实践法布施要注重与自己和实践的关系。戒律是佛法最重要的核心内容，不管地位高低都不能抛弃的原则。法王直贡巴曾经讲授大法印和戒律合一的特法。没有戒律就无法获得密宗成就。佛陀从未说过没有戒律就能获得密宗的成就。觉巴大师曾云：“孩儿啊！未获而获为戒律，获后牢固为戒律，固而增效为戒律，终极如来之法身，十力自在为戒律，除此别无吾最爱，我今演说诸法子，忠言遗嘱别无他。”没有戒律的基础而追逐高深奥义是没有用的。至深的见解就是戒律，需要倍加珍惜，才是真正的佛陀的追随者。不守戒律而行为放荡的人是佛教徒中的败类。法王扎巴琼乃曾云：“戒律如同金轮宝，清除密宗之毛病；戒律如同神珠宝，满足密宗之愿望；戒律如同白象宝，乘坐密宗之众生，共渡金刚持岸边；戒律如同绀马宝，迅速到达十地路；戒律如同玉女宝，成就密宗三摩地；戒律如同将军宝，征服密宗之违愿；戒律如同大臣宝，密宗真实为智者。密宗戒律无二别，密为戒律戒即密。”

忍，如那若巴大师的十二大苦行、玛尔巴大师的艰难旅行、米拉日巴大师的艰苦修行、觉巴大师的忍耐、杰尊·扭·喇囊巴的苦行等，前辈噶举高祖抛弃今生的荣华富贵，坚苦卓绝地苦行而获得了成就，没有一个是在安稳舒适中获得成就，也不可能获得成就，因为，我佛释迦牟尼也是经过六年的艰难苦行而觉悟成佛的。格西夏沃曾云：“真心求法的人要有心向贫丐，贫而能死的决心。有了这样的决心，人天鬼都不会为难你的。”哲布尊丹巴曾云：“我病时无人照顾，死时无人哭泣，能此寂静处安息，瑜伽之心满意足；门外无足迹，屋内无血迹，能此寂静处安息，瑜伽之心满意足；无人问去处，去处无目标，能此寂静处安息，瑜伽之心满意足；腐尸被虫食，腐筋被蚊吸，能此寂静处安息，瑜伽之心满意足。”那些人无法消受深奥佛法教义的原因是福报浅，需要积累资粮，承受奥义。承受奥义就要修行体验，把至深奥义常挂在嘴上，无法与实际修行体验相结合。经常阅读噶举先辈觉悟成就的历史，使勤奋修行如江河之水从不间断。对财富和名誉要知足，而对佛法知识与自身相结合的知足，则是一种障碍。直到觉悟成佛为止，都要积累资粮，《一意法》云“成佛为止须度本质为资粮道”就是这个意思。因此，先辈们在很多场合都赞扬勤奋之功德。

修持身心安定、功德现成、利益众生等三静虑，最初也如《入菩萨行论》云：“极具寂止的胜观，了知摧毁无明故，最初请寻止和定，不恋世俗成现喜。”如上，要抛弃世间的荣华富贵和亲朋好友，专注一境，心不放逸，热闹和放逸无法获得三摩地，噶举先辈们寻找寂静之处修行也是这个道理。如果身处寂静地方而不修持佛法，则与野生动物没有区别，因此要珍惜难得的寂静，勤修佛法。修持三摩地时要按照毗卢七法坐姿，即两足跏趺、手结定印、脊椎正直、下颌微俯、肩背后张、眼觑鼻尖、舌尖抵上腭。这是很重要的姿势，因为，身正则脉正，脉正则气正，气正则心正，不能以歪、卧、躺等不良姿势来修法。佛曾言，金刚跏趺圆满觉悟，而没有身卧躺觉悟之说。平时要坐正，一心专注，而不思考和守持任何事情。经云，世尊以跏趺坐正身念住等。

智慧有世间智慧和涅槃智慧等多种分法，对于我们实修佛法的传承来说，在上师座前学习和聆听如珍宝般噶举传承的一切法门就是闻所成慧；将所聆听到的法结合自身的体验总体把握，深入思考、核实确定就是思所成慧；在寂静地方，于修行的关键处依照显密教义和先辈教诫，不用询问任何人，自己解决遇到的困难和问题，掌握生起次第和圆满次第核心要义，认识事物的本质规律，在自相续生起正确的终极意义的觉悟，解决内心深处的矛盾就是修所成慧。如果一开始没有认真学习和深入思考，那么修行也会马马虎虎；没有很好地掌握观想等教授要义就只是积累数字而已。没有解开学习、思考和修行的疑团，即使修习十几遍五支道法和几十遍大念修，也只能算作是好的因缘，因不知其要义而积累数字而已。这种修法对自相续没有多大利益，反而加重了世间八法，这是事实啊！

般若波罗蜜多又有六分法和十分法，细分为三十六种，称为三十六度。在供曼荼罗时讲授过，六度中的每一度都具备了六种般若波罗蜜多，如果将这么多的般若波罗蜜多概括为一句话就如至尊米拉日巴所说的："抛弃我执外，别无布施；抛弃欺诈外，别无戒律；不怕真实外，别无忍耐；不离修持外，别无精进；自然修法外，别无三摩地；掌握规律外，别无智慧；成就二利外，别无祈愿；揭开自我无明外，别无原始智。"阿底峡尊者的三大主要弟子库·尊珠雍中、鄂·勒巴协饶和种·杰瓦琼乃问尊者：所有道路中哪一道最殊胜？答云："智者中最殊胜的是了悟无我的意义，尊者中最殊胜的是调伏心性，功德中最殊胜的是有大的利他心，教诫中最殊胜的是经常检查自己的内心，对治中最殊胜的是懂得事无自性，行为中最殊胜的是不与世俗同流合污，成就中最殊胜的是减少无明，神通中最殊胜的是减少贪欲，布施中最殊胜的是无贪恋，戒律中最殊胜的是清净心灵，忍耐中最殊胜的是谦虚谨慎，精进中最殊胜的是把事情做成，禅定中最殊胜的是自然心，智慧中最殊胜的是没有任何牵挂。"

六、结合自相续法

如此，将六般若波罗蜜多等一切深广菩萨教义凝聚在一起的话，就是空性悲心要义。《大婆罗门道歌》云："没有悲心的空性，不是殊胜之道；如果只修悲心，众生怎会解脱？谁有悲心和空性，不滞轮回涅槃中。"也就是说，不在轮回和涅槃就是真正的佛果。种·杰瓦琼乃曾问阿底峡尊者："诸法的终极是什么？"答云："诸法的终极是空性悲心要义。如世间有一种药名为人参，能治百病，了悟诸法空性，就可对治一切无明故。"又问："那些自称了悟空性的人，没有减少贪瞋，是何道理？"答云："那些人只是在嘴上讲空性，真正悟得空性的人，其身语意如压扁的棉花，或沸水中加了冰水。"佛陀所宣讲的一切法都是为了用菩提心将空性悲心要义融入自己的内心。如果失去如珍宝般的菩提心，至深的见解和修法都与外道没有区别。如果没有菩提心的约束，再深广的闻思修也不会有益于自相续，而只会成为束缚思想的缰绳。噶当格西敬安曾云："我等在闻思修的过程中，我执越来越大，忍耐小如新伤疤，脾气爆如厉鬼，这是闻思修步入邪道的征兆。"享用信财和亡财的上师，其心中没有真正的菩提心，对生者和亡者都没有什么利益。但是，我们也无法知晓真正的菩萨在哪里！佛经说，在屠夫和妓女中也有很多善巧的菩萨。因此，我们很难掌握哪些人的自相续中有菩提心。佛陀曾说，我的境界，除了达到像我一样境界的人以外，其他人无法知晓啊！因此，专注于外在事情，将会欺骗自己，而将没有任何的贪恋，对所修持的佛法，认真闻思修，解除疑团，把握核心要义。香纳琼敦巴曾问阿底峡尊者："如何把握精神实质？"答云："为虚空般的一切众生而修慈悲心和菩提心，为他们的利益而勤奋积累二种资粮，源自这些的一切善根为一切众生和共同圆满菩提而回向，要懂得这一切的本性皆为空，如幻如梦。"要知道佛法的关键和核心，不知其要义，则有很大的危害。一切智直贡巴（觉巴大师）曾云："虽任何无益而死亡，还生世间八法心，此颠倒识而好沮丧，此迷乱思维欺骗我；此三毒轮回之因果，知道痛苦而贪恋，此颠倒识而好沮丧，此迷乱思维欺骗我；不懂内心三摩地，一生忙于聚财上，此颠倒识而好沮丧，此迷乱思维欺骗我；虽然了悟空性法，还生自他二贪瞋，此颠倒识而好沮丧，此迷乱思维欺骗我；参禅是为利他故，还寻繁文和缛节，此颠倒识而好沮丧，此迷乱思维欺骗我；慈悲之心在近旁，还生关系之贪瞋，此颠倒识而好沮丧，此迷乱思维欺骗我；空性能毁四方魔，厉声猛咒击木杖，此颠倒识而好沮丧，此迷乱思维欺骗我；利他就是利自己，还望别人保恩情，此颠倒识而好沮丧，此迷乱思维欺骗我；菩提就是心本质，无数次从别处寻，此颠倒识而好沮丧，此迷乱思维欺骗我。"如果知道佛法的要义而不去修法，就如同导游为游客讲解佛像的殊胜，没有用处。因此，必须实修佛法才行。至尊米拉日巴曾云："饥饿的人光看到食物不行，必须吃了才能填饱肚子，同样，光知道空性的道理而不实修体验是没有用的。"实修佛法的意义在于对治自身存在的愚昧无知和自我执着，而学没学佛法、学到什么程度就要看减少无明的程度。多年闭关修行也是为了调伏无明，而不是为了名声，因此，调伏自相续是最重要的事情。米拉日巴尊者曾云："吃没吃看脸就知道，同样，懂不懂佛法，修没修佛法，就看有没有对治无明和我执。"法王热纳噶玛曾云："脸色五官及容貌，无法藏匿显尊容。"从外表和行动也能够看出修法的程度。《一意法》云："八万四千法门对治无明故。"博多哇问种·杰瓦琼乃："法与非法的区别标准是什么？"答云："成为对治无明就是佛法，否则就是非法；与世俗格格不入就是佛法，否则就是非法；符合佛旨就是法，不符合就是非法；善结果就是法，而恶结果就是非法。”法王藏林扎巴曾云：“十正法为：相信业因果为低资质正见，了悟内外诸法皆为现空无别、明空无别、慧空无别和乐空无别四种双运为中资质正见，了悟观察的对象、观察者和所观察到的证悟三者无别为高资质正见；心专注于对境为低资质正修，处于四种双运三摩地为中资质正修，所修法、修法者和修持三者无分别而不可得为高资质正修；将因果视如明珠般爱护为低资质正行，诸法视如幻如梦为中资质正行，不执着于任何善恶等分别心为高资质正行；一切我执和无明越来越小为低中高三者正确的证悟表征。”噶当派格西吉贡也曾有过相似的训诫。因此，要努力达到没有菩提心的人生起菩提心，有了菩提心的人要不断增加菩提心，我执和无明越来越小的境界。

三士道中的上士道是菩提心的道路，是一切法的精华。帕木竹巴大师曾云：“戏轮极寂胜义菩提心，悲心极润世俗和愿行，如同芝麻及其油一味。”菩萨十地五道等在《大乘佛法要义》中有详细阐述而不在此细述了。总之，继承空性悲心圣道的传承是噶举派的传承。觉巴大师曾云：“谁是我的弟子，就要继承空性悲心传承，噶举先辈也是源自此传承。”我们衷心地祈祷和修行，这个一切法的根本、产生三时诸佛的母亲、诸佛无上的心意、贤德法子们实践的地方、如来一切教义的关键、三藏所宣讲的终极目标、密宗视为如意宝的精华、有缘人修行的次第、让智者欢喜及让愚者头晕、一切深广证悟的思想活动范围，能够在心中生起如珍宝般的菩提心，并不断增加这个教授吧！

神圣心之动机留口头，六度善道念诵词句上，
四种摄事放任自流状，自他相换停在纸张上。
食肉饮血还称佛教徒，奴役牲畜自身针刺疼，
荒淫无度争夺三宝财，赤黄袈裟视为表演服。
知晓羞耻之心存谦虚，期盼爱语悲心菩提心，
我与我似愚昧众生皆，内心生起菩提赐加持！

三特殊前行之引导终

① 直贡林巴，敬安·西绕琼乃的别名。

第三章 后 义

一、收尾

在显宗和密宗里都曾赞美，涵盖了历代高僧大德的修证，噶当派三士道修法次第和吉祥塔波噶举四关键诀窍法，即显密若海深广要义究竟大法印五支道前行十一引导，此为个人成佛道路中不可缺少的组成部分：即思考暇满难得而做有益的事情；思考寿命无常而自我劝勉珍惜时光；懂得因果不虚而清楚取舍之道；知道轮回过患而产生出离心和利他心，追求解脱之法，这是四共同外前行。依持纯洁的善知识，皈依三宝，打下解脱之基础；通过忏悔四力来清除违缘和罪障；积累福德和智慧福田；依靠显密双运加持之道上师瑜伽，使敬信的自然智慧显现在自相续中，这是四不共内前行。超越下、中士道范围，通过修持大乘佛教的基础慈心、悲心，使自己内心获得纯洁的动力，为一切众生获得解脱而发无上菩提心，这是三特殊前行。共计十一讲引导教授，涵盖了所有盛行和不大盛行的引导教授，这是其无比的特殊性所在。我的至尊上师巴琼金刚持曾嘱咐道："十一讲前行内容完全融入内心是本传承无可比拟的传统，请你们放在心上吧！"

对初学者来说，这是一节迈入殊胜道路的梯子，《摄行灯论》云："有缘初学诸友情，步入圣贤之道路，圆满佛陀赐此法，如同梯子之阶梯。"《二观察经》云："无缘有情难调伏，其心何法能调伏，如来佛陀有语旨，最初教授布萨法，而后学习十戒法，教授毗婆沙有部，小乘经部也如此，此后中观自相续，而后就是中观法，知晓密宗诸次第，然后学习喜金刚，弟子敬信获取后，不用怀疑能成就。"也有顿悟之人，《伽白经》云："人心智不同，分顿悟渐悟。渐悟的良药，成顿悟之毒药；顿悟之良药，成渐悟之毒药。宿昔已修练，名为顿悟者；初业有缘人，名为渐悟者。"实际上，所谓的顿悟者也需要一个逐渐学习的过程，《一意法》云：

“唯有逐渐进入。”要懂得这个道理。

一般噶举传承都按照显宗的教义来阐述前行引导文，其见解也按照显宗来阐释，《俱生和合》等不同之处在于，依据先辈大德们的文集、教授、口诀和问答来讲授。五支道法教授之道是显密双运的传承，其前行法也是结合显密来讲授的。在前行文中讲授了显密结合的皈依法、念修金刚萨埵、上师瑜伽四灌顶等，因此，修持之前必须要从上师处获得成熟之法“五支道法朵玛灌顶”。《大印精粹》云：“没有灌顶就没有成就，如同榨沙炼酥油。”《如来护乐经》云：“如同美妙的琵琶，断线无法奏乐章，没有灌顶的授权，无法成就咒和定。”

正式修练本尊法、上师四身法和大法印时，要获得噶举无上密乘本尊胜乐金刚的灌顶，勤修生起次第和圆满次第，通过敬信命轮法，使上师四身的加持融入自相续，要真正了悟俱生本来心性等先辈们撰写的大法印五支道法引导文的内容，要从上师处获取和懂得。修练有相圆满次第那若六法和无相圆满次第大法印的内容，必须获得上师的亲口传授，别无他法，请用恭敬之心了悟吧！

前行、正行和后行的具体内容，要参阅无等塔波仁波切撰写的《解脱庄严论》、《圣道宝鬘》和帕木竹巴大师的《七密语大宝》、《入慧》、《大小六法》，以及《大乘佛法心要疏》、《大乘佛法·悟格玛》、《问答·珍贵心要驱逐无明》、《诀窍·无垢心要》、《至深法·如意宝》、《五支道法宝鬘美饰教法精华》、《一意法疏·慧灯》等，以及熟悉《一意法》的各种注疏和解释后，你就会明白如父般觉巴·吉天贡布大师的独特传承的教义，将会步入闻、思、修结合的道路，成为不混淆显宗大法印、密宗大法印、显密结合大法印等的大智者，明白“五支道法”不仅仅是写在纸上的文字，而是包含了一切诸佛心意的秘密宝库，继承了如珍宝般的噶举传承。本前行引导没有仅仅停留在文字上，而是结合了修行体验讲授的，因此，要勤奋修练前行法，一定要融入自己的内心深处。切不可小觑前行法，这是非常重要的基础和根基。觉巴大师曾云：“有人认为前行法是为初学者提供参禅需要而已，并不重要，这是不懂佛法要义的愚昧思想，这些法是大乘佛法的根基啊！”

本书没有用华丽的词藻来装饰修辞，而是根据噶举先辈的教法和诀窍，没有自己的发明和创造，也没有掺杂其它内容，完全以简单易懂为原则，尤其是为了了解真实的佛法而揭露了一些不好的现象，需要自查自纠。阿底峡尊者曾云："最好的善知识是揭露，最好的教训是对症下药，最好的朋友是正念和正知，最好的督促是仇敌和病苦，最好的办法是没有改变。"觉巴大师曾经说过，有时批评和敲打也能调伏众生。藏林扎巴大师也曾说过，训诫击中个人的过失上，认识自己的过错，纠正以往的错误，用佛法对症下药，调顺心灵，对自己有很大好处。他在《圣道》中揭示了很多"佛教徒"的罪过，对后世起到了很好的警诫作用，获得了学习佛法和依止善知识的真正好处。阿底峡尊者云："最大的帮助就是步入佛法，得到的最大好处就是把心引入佛法里。"因此，丰富自己内心的佛法知识，是步入空门的追求，勤奋是取得收获的必经之路。巴琼仁波切曾云："如来教证佛法宝，圆满个人自相续，不损菱角带道上，第二龙树究竟义。"现在有了佛法安住于自相续的时候，勤奋修练显密佛法的精华至深道大法印五支道法，沿着噶举如海般大成就者的足迹，获得即生成佛的果位，解脱轮回之痛苦，发扬先辈实修佛法的精神而努力吧！

二、后跋

如是至深法道前行文，了义大印具备五支道；
吉祥直贡噶举之传承，三界怙主吉天松贡义。
龙树无著语旨之耳传，聚集三大传承师法脉；
显密次第修持精华法，有缘即生成佛前行文。
先辈大德若同繁星般，闪烁智慧光芒格言多；
现今大多超出凡人心，初学智钝耳边无缘啊！
没有轰轰烈烈之教理，没有讲授参禅之傲慢；
没有取悦高士之词藻，此文就是初学者欢宴。
没有三年闻法之广闻，也无三载念诵之积累；
更无刹那参禅之觉悟，此文就是初学者入门。
现今佛法追逐外在形，想知佛法真意且难寻；
见到教授文献难理解，精进念修不知二次第。
苦修服饰成为流行衣，官员装束以为僧伽服，
佛陀教义依靠寺院像，追逐内外不符之现象。
呜呼哀哉释迦牟尼尊，无可比拟噶举上师史，

后世信徒无法了解啊，邪命行为视为如来法。
佛教如同其它之宗教，视为愚昧欺骗之习俗，
珍贵黄金仍在粪堆里，怀疑是否发疯或幻觉。
无神无鬼无业与因果，没有三宝佛陀说空话，
外道宣讲歪理和邪说，佛法真理岂能等同啊！
虽入空门浪迹城廓中，不知二种次第背离法，
仪轨法行羌姆朵玛等，视为佛法不知其道理。
马马虎虎参禅积念修，积累多年内心无变化，
干涩词句无法对治心，如此参禅念修自找苦。
此等迷乱现象多见故，此事未能理解经典义，
孤陋寡闻不知其要义，自以为是随波逐流啊！
然而自身仍处平凡心，根本原因在于无明故，
简单易懂成为关键词，并非空讲结合了体验。
神圣教主语旨降头顶，机缘成熟事业不会败，
恢复实修佛法的传统，责任皆有认真地撰写。
如此噶举上师之言教，八种功德甘甜之清凉，
清除众生所患之百毒，没有掺杂自创之杂质。
为了服务噶举教法故，依靠先辈大德之恩德，
初学入门课程纯洁心，奉献公正之众欢喜吧！
未来追随噶举先辈者，有缘福德之人见此文，
信心恭敬之心修练吧，教诫关键之处无差错。
多种原因促使写此文，依照先辈大德之思想，
专为有缘初学者撰写，此善众生能寻正确道！
尤其凝集显密之要义，无误唯一表达如来法，
无比深密诀窍之宝库，大印五支道事业发达吧！
无比吉祥上师神圣义，一生实修佛法持戒者，
正确明了闻思修行者，充满整个广大大地吧！
我也从今直到获菩提，神圣噶举上师不离弃，
解脱圣道大印五支道法，众生脱离轮回苦海吧！

三、署名

如此，按照无比噶举上师的教法传统而撰写的大法印五支道十一

讲前行引导文,是有了无比佛法的权威、无等直贡噶举教主法王穹苍仁波切贡确丹增阿旺土登曲吉囊瓦贝桑布亲口吩咐,“你要写一本易懂而符合初学者的五支道法引导文”的无上因缘;此前直贡梯寺禅僧蚌瓦巴·仁青诺丹劝我写一本不用参考别派文献,对本传承有真实益处、比较易懂的引导文,就此事拖了相当长的时间后,他又督促本人,并配备了必要的条件,好友贡确奥色也寄来纸张等等因缘,由实修佛法传承之教主直贡法王澈赞金刚持授予“富有智慧威德的直贡教法作者”称号者,实为五毒缠身而法离自身的所谓佛学者热色·贡觉加措,或密名德庆多吉(大乐金刚)者,在直贡噶举根本祖庭直贡梯寺菩提院波康擦瓦室动笔,于佛历二五四四年,藏历铁龙年七月二十八日,巴琼金刚持法王升入妙喜世界纪念日,为欢喜诸佛如来而供云,圆满结束。愿此文成为初学者的良友,愿众生怙主噶举教义圆满无误地永远传承而服务吧!忙嘎郎师利杂拉藏普德帕拉嘎巴瓦杜!

附录：

生生世世瞻仰直贡噶举教法祈祷文·无欺金刚结

顶礼如海圣哲释迦尊，补处佛苗菩萨诸佛子，
佛王汇集噶举上师者，追随佛陀真谛作证吧！
胜者法子圣哲同一声，继承佛陀圣法精华义，
胜者欢喜之道极赞美，法子所愿意成裨益吧！
我所如此做事及轮涅，三时所积无边善合力，
直至未证元始之本心，祈愿瞻仰直贡噶举法！
二十经续记载为补处，阿罗汉赞为第二龙树，
圆满缘起三界怙主尊，祈愿瞻仰直贡噶举法！
生生世世内外密无暇，远离此等圆满暇满身，
获得圣道四轮之体魄，祈愿瞻仰直贡噶举法！
远离邪路推理之污垢，佛王直至根本之上师，
代代相传稀有之特点，祈愿瞻仰直贡噶举法！
心智趣入神圣之正法，法入正道清除道中障，
获得智慧无比之道路，祈愿瞻仰直贡噶举法！
闻思修法三者无偏袒，佛法教证讲修双运盛，
显密法皆对治无明故，祈愿瞻仰直贡噶举法！
轮回涅槃法皆有规律，至深诸法有因缘而起，
二谛双运超越常断边，祈愿瞻仰直贡噶举法！
三大持散正确圣见解，证悟表征重视因果法，
三戒不悖缘起一要点，祈愿瞻仰直贡噶举法！
外立祥和仙人之宝幢，内心充满菩提心甘露，
秘密生圆次第聚合态，祈愿瞻仰直贡噶举法！
佛与法子勇士详细分，佛语及其注疏不相悖，
凝结独自即生成佛法，祈愿瞻仰直贡噶举法！

佛法永远发扬一命脉，无数高僧大德之足迹，
大印戒律合一善示者，祈愿瞻仰直贡噶举法！
佛法经续诀窍之精华，佛皆源泉大印五支道法，
有缘即生成佛之捷径，祈愿瞻仰直贡噶举法！
尤其吉祥续部之精髓，初始皆成俱生之本心，
介绍光明天成之明轮，祈愿瞻仰直贡噶举法！
不净业气中脉中净清，有漏糟粕四欢界中炼，
虹身法身界中自解脱，祈愿瞻仰直贡噶举法！
噶举教法传承圣实修，神圣内外密之诸缘起，
称为遍知无比而著称，祈愿瞻仰直贡噶举法！
真实导师遍知直贡巴，真实教义直贡噶举法，
真实守持佛教者兴隆，祈愿瞻仰直贡噶举法！
印藏大德高僧极赞美，三时如来密义为一体，
具备四量特色明示者，祈愿瞻仰直贡噶举法！
耳传至深诀窍为更改，至深口诀未留字面上，
成就传承觉悟未间断，祈愿瞻仰直贡噶举法！
圆满无误语旨之传统，揭示本性塔波噶举法，
守护无比佛法精髓库，祈愿瞻仰直贡噶举法！
如此专心祈祷之真语，三圣三本助推真语义，
获得无误真理之善果，众生皆作佛法事业吧！
无比教法殊胜义传承，永世不衰继承此传统，
普贤菩萨以及文殊等，愿同一切伟大诸佛子！
贤正善良行为无污染，讲辩著作傲心廾八库，
讲修事业继承直贡法，护持发扬吉祥兴盛吧！

此祈祷文由直贡替寺禅僧仁青诺丹（别名蚌瓦巴·南珠）再三劝写，由热色·贡觉加措于佛历二五四四年，即藏历铁龙年二月十五日，于圣地拉萨罗布林卡，依据经续经典口诀精神而撰写，愿其功德圆满如上祈愿吧！